生きづらさに立ち向かう

前川喜平
三浦まり
福島みずほ

生きづらさに立ち向かう

岩波書店

目　次

章扉写真：小野寺宏友撮影
装丁：森　裕昌

1 歪められる教育と学問

前川喜平

学力テストと入学試験

福島　いま教育で気になるのは、二〇〇七年から始まった全国学力テストです。これが全く役に立たないとは思いませんが、テストの結果は、子どもたちのある瞬間の、あるテストにおける、たまたまの点数でしかなくて、明日は全然違うかもしれないんです。学力テストの結果でランキングを出し、しかもそれが校長先生の勤務評価につながったら、子どもはまるで教師の給料に直結する工業製品のようです。

三浦　学力テストは教員の統制という目的が埋め込まれているのでしょうか。

前川　やはり新自由主義、競争主義、成果主義の一つの現れだと思います。現在行われている全国学力テストが開始されたのは二〇〇七年第一次安倍晋三内閣のときですが、方針が決まったのは二〇〇五年小泉純一郎内閣のときでした。当時の中山成彬《なりあき》文部科学大臣はゆとり教育に大反対で、ゆとり教育が学力低下を招いたと考えていました。子どもたちの学力を向上させるためには子どもたちを競い合わせることが必要だと考え、全国学力テストを構想したのです。しかし学力テストが現実に過熱化させたのは、子ども同士の競争よりも学校同士、自治体同士の競争でした。

一九六〇年代に行った全国学力テストが、過度の競争を煽って学校教育にさまざまな歪みを生じさせ、そのため中止に至った経緯は文部科学省のなかで長く共有されてきていましたから、官僚たちは新たな学力テストには消極的でした。政治的に実施が決められたあとも、過度の競争を煽らないよう、学校別や市町村別の結果は公表しない方針を立てていました。しかし、橋下徹大阪府知事(当時)は市町村別のデータを開示して競争を煽ったんです。最近も二〇一九年実施の学力テストで大阪市が指定都市中の最下位から脱出できなかったとして、吉村洋文大阪府知事が市長在職時の約束どおりボーナスを「返上」したそうですが、これなども不毛な競争を煽る行為ですね。

学力テストが測定できる「学力」は、子ども一人ひとりの学力全体のうちのほんの一部分でしかありません。学力テストの競争が過熱化すると、そのほんの一部分の学力だけが肥大化し、本当の学力が見失われ、教育全体が歪んでしまいます。現在その弊害は明らかになっていると思います。

民主党政権下でいったん抽出調査に転換しましたが、第二次安倍内閣は悉皆調査に戻しました。現政権が続く限り、文科省は全国学力テストを止められないでしょうね。しかし、実は文科省は「悉皆」を強制する権限を持っていないのです。学校教育は自治事務ですから、学力テストに参加するかしないかは、小・中学校の設置者である各市町村の教育委員会が自ら判断することなんです。にもかかわらず、いますべての市町村教育委員会が参加している。初めは愛知県犬山市のように不参加を決めた自治体もあったのですが、すべての自治体が同調圧力に呑み込まれているんですね。

三浦　大学は文科省の方針で、むしろ学力評価の多様化が進んでいます。来年度(二〇二〇年度)から入試制度が変わり、画一的な学力の測り方ではなく、民間の英語テストを使ったり、論述問題を増やしたりすることになっています。ＡＯ入試、推薦入試も増えて、一発試験を受験する学生は半分ぐらいになると言われています。私立大学はこれまでも推薦入試やＡＯ入試をやっていましたが、今後は国公立もほぼ半分の学生が多様な入試で入ってきます。中・高でいくら学力テストで画一的に学力を測っても、大学入試では真逆の方向に転換しようとしています。

福島　大学入試は、二〇一八年、医学部の女性差別で問題になりました。面接や推薦の段階で差別が紛れ込むこともあります。学力テストで画一的に学力を測るのも間違っていると思うのですが、推薦入試の場合は、面接する人の主観に左右されて、問題があります。

三浦　大学教員は、面接するときの無意識のバイアスを取り除く訓練を受けていません。女子ばかりだと困ると考える教員がいると、医学部の入試差別のようなことが起きてもおかしくない。

福島　学生ではなく、面接する側の問題なんです。

前川　小・中学校に対して画一的な学力テストをする一方で、大学入試では多様な方法をとるよう薦める文科省の態度は確かに矛盾しているように見えるでしょうね。ＡＯ入試、面接、推薦などを入れれば入れるほど、差別的な選別が行われる危険性が高まります。女性差別など言語道断です。ただ、ペーパーテスト一本であるよりは、多様な入り口があった方がいいとは思います。自分の関心に基づいていろいろな活動をしていたり、自分自身の研究テーマをすでに持っている人もいますから。

三浦　英語の場合、入試で民間のテストを使うことになっていますが、地域格差と経済格差が広がっているなかで、これは大きな問題ではないでしょうか。複数のテストを受けるチャンスがあるのは、都心部に住んでいて、親に経済的な余裕がある学生に限られます。もともと教育には不平等を再生産する働きがありますが、いまはそれをさらに拡大する方向に進んでいて、とても危ない。

前川　ペーパーテストには確かに客観性があり公平性もあって、一点差で合否が分かれても文句を言わせない強みがある一方、ペーパーテストで測れない学力もある。英語でいえば、これまでの大学入試センター試験で問われなかったスピーキングをどう評価するかという問題があるわけです。福島さんがおっしゃったように、学力テストで学力をすべて測ることはできないというのはその通りだと思います。そもそも学力テストといっても、国語・数学、時々英語を入れたり理科を入れたりしているだけで、家庭科や保健は入っていません。人間が生きていく上で、数学よりも家庭科や保健の方が役に立つと思うのですが、そういう教科は全くテストをしていません。

福島　ですが、「学テ信仰」があります。

前川　アインシュタインが言うように、「誰もが天才だ。しかし、魚の能力を木登りで測ったら、魚は一生、自分はだめだと信じて生きることになる」わけです。人は一人ひとり個性や適性・能力が違うのだから、一つの尺度だけで測ること自体に問題があります。

学問が歪められる

福島　もう一つ心配なのは、大学の授業料減免と給付型奨学金の条件に実務家教員の導入[(1)]が入り込んでいることです。科目によっては実務家教員もありうると思いますが、哲学や心理学はどうなのか？　要するに、いまの議論には学問に対する敬意がないんです。実務家は、実社会について面白く教えることができるかもしれませんが、大学の講座の何割をそういうもので占めろ、

（1）　企業等で専攻分野の実務経験があり、かつ高度の実務能力を持つ者による科目が一定の割合を超えるように配置すること。

そうでないと授業料減免と給付型奨学金の対象としないという方針には疑問があります。

前川　私も安倍内閣の高等教育無償化政策はおかしいと思います。進学先で選別するのは間違っている。どの大学で何を学ぶかは学生の主体的な選択に任せるべきです。三浦さん、言いたいことがたくさんあるのでは?

三浦　はい、大学はとても危機感を持っています。学費減免は必要だと思いますが、いまの政権のやり方は「無償化」という名の下で、子どもたちを人質にとって教育に介入する口実をつくっているように見えます。給付型奨学金を確保するには、実務経験のある教員を一割以上配置しなくてはなりません。学生への奨学金とカリキュラムがバーター取引されるのは、あまりに筋違いでしょう。今後、さらに一定割合の教員を実務家にしなければならないと指図されるようになったら、たいへんなことになります。これは経済界の圧力で、結局のところ、大学を大企業で働いている人たちの天下り先にしてしまおうということなのではないでしょうか。

ほかにも、人文系の講座を減らして理系の講座を増やすだとか、理系のなかでも技術優先で、基礎的な講座は軽視されるとかというのは、たいへん危険なことだと思います。大学に通っているあいだにちゃんとした知的な基盤をつくらないと、日本の経済、産業のためによくないという発想がほとんどないと思います。

たとえば、経営者へのアンケートでは、就職活動をしている学生の何を評価するかという問いに対し、大学で勉強したことを選んでいる人は数パーセントしかいなかったという報道がありました。パーソナリティとか、いわゆるコミュニケーション能力ばかりを重視する傾向が出ています。大学では、私たち教員は、ゼミなどの少人数教育においては、学生のいいところをなるべく引き出そうと努力し、丁寧に評価しているのに、それを経済界は全く認めていないわけです。

さらに言えば、高度人材の育成、つまり、文科省が大学院入学者を増やして修士号・博士号を出す方向に舵を切ったにもかかわらず、その受け皿づくりができなかったことで、いまの三〇代の就職状況は非常に厳しいものになっています。高学歴なのに正規雇用労働者として就職できない層がかなり生まれてしまいました。日本のような国が生き残っていくためには、どれだけ知的な基盤を整えていくかが重要なはずです。新しい技術、新しい発想を生み出していくことが必要であることは、経済界こそが痛感しているはずなのに、どうもそうではなく、むしろ知的基盤を壊しています。私はこの状況にとても大きな危機感を持っています。

福島　人文社会系の講座を減らすという議論が起きているのですね。

三浦　はい、人文社会系を減らし、理系だけでいいとすら考えていると思います。しかも、理系のなかでもすぐに利益につながる技術的な分野を優遇して、基礎的な学問はやらなくてもいいという構えだと思います。

福島　それから、かつて日本学術会議は、学問、大学は戦争には協力しないという姿勢でした。

ですが、防衛省の補助金を受け入れる大学も出てきています。補助金が減っていくなかで、大学は喉から手が出るほどお金が欲しい。学問の危機はいろいろな形で起きています。

三浦　それは小泉内閣で国立大学の運営費交付金を毎年一パーセントずつ減らすようになったことが大きくて、一〇年経ったら一〇パーセント減っているわけです。その一方で、競争的資金は出す。競争的資金の期間は三年か五年で、長くて一〇年です。これでは、ポスドクの人たちを細切れにしか雇用できません。このことが、知的な展望を著しく損ねていると思います。

教育の逆コースが進む

三浦　私の子どもが小学校一年生のとき、道徳の授業参観に行って、とても驚きました。これこれの場面では思い遣りを持たなければいけないと教えるわけです。ウサギさんは川を渡るときにクマさんにいじめられたけれども、ある日改心したクマさんに助けてもらって渡ることができた。それで、ウサギさんはクマさんに「ありがとう」と言わなくてはいけない。でも、ウサギさんは自分で渡りたかったかもしれない。川を渡るのは強者の施しではなく、誰もが持つ権利であるはずです。

それから、運動会にも疑問を感じました。三、四〇年前と変わらない競技ばかりで、やたらに時間が長く、しかも勝った側は二回万歳をして座りなさいと教えられている。通常万歳は三回だと思うのですが、二回にしているのは時間が足りないからだそうです。喜び方までコントロールされているんです。そのせいで夫は一日寝込んでしまい、親の感想を書く欄に、びっしりと書き込んでいました。

いまの公教育の現場では、子どもたちはここまで統制されているのかと、たいへん驚きました。それから、学校の方針を教育方針ではなく「経営方針」と呼び、教職員会議を「経営会議」と呼ぶことにも、強い違和感を覚えます。これは石原都政の影響でしょうか。

前川　いま教育は本当に逆コースなんです。八〇年代・九〇年代は臨教審（臨時教育審議会）の答申を追い風にして、子どもたちの主体性や個性を大事にする方向での改革が進みました。ですが、二〇〇〇年代に入ると逆コースをたどり、その流れのなかで、森喜朗内閣で教育基本法改正、道徳の教科化が打ち出され、それを引き継いで第一次安倍内閣で教育基本法の改正、第二次安倍内閣で道徳の教科化まで行ってしまった。

いまの学校では、二、三〇年前よりも規律正しさが強く求められるようになっています。「〇〇学校スタンダード」などという名前の行動規範で、児童・生徒や教職員の行動様式を細かく画一化する学校が増えているのです。

また、教員の管理強化策としては、一〇年ごとの免許更新制が導入されました。これは明らかに愚策なのですが、最悪のものにはならなかったんです。政権与党から言われたのは、組合活動にうつつを抜かすような教員を排除するために、一〇年に一度ふるいに掛けるということでした。

免許更新制には教師バッシングの側面もあります。日本維新の会のように、公務員や教師をバッシングすることによって、有権者の支持を勝ち取るというポピュリズムの政治手法がありますが、私も三八年間ずっとバッシングを受けてきました(笑)。免許更新制案を打ち出したのも、森内閣時代の教育改革国民会議です。このとき私は文部科学省の教職員課長で、その案を受け取る側でした。

文科省は当時、免許更新制は不可能だと主張していました。というのも、そもそも教員免許状というのは学歴証明で、大学で一定の単位を取れば、それだけでもらえるわけです。そこでは教員としての適格性は審査していないにもかかわらず、後から審査して免許を剝奪するというのは原理的に不可能です。適格性の審査は採用時に行っています。ですから、百歩譲って任期制ならばまだ理屈としては成り立ちます。

とにかく文科省は反対して、中教審(中央教育審議会)も時期尚早という答申を出したのですが、結局二〇〇三年に、免許更新制の代わりに一〇年経験者研修が制度化されました。ですが、ほとんどの教育委員会が一〇年目あたりで研修をやっていたんですよ。ですから文科省は、これを法定化しても、教員の負担を過度に増やすことにはならないだろうと考えていました。

三浦　実際にはどうだったのですか？

前川　その時点ではあまり負担は増えなかったと思います。その後、政治の力で免許更新制導入の圧力がかかって、三年後の二〇〇六年にもう一度中教審をやったんです。このときは、やる方向の答申を出すしかなかった。ですが、教員としての適格性を判定する仕組みはつくれないので、三〇時間の講習を受けてもらうことになりました。これは、大学を出てから一〇年も経つと、大学で勉強したことが劣化していくから、その部分を補うという理屈です。結果として、一〇年に一度講習を受けて免許を更新してもらう、講習を受けなかった人は更新できない、ということになりました。現在は三〇時間の講習のうち、一八時間は選択領域、六時間は選択必修領域、六時間は必修領域とされていますから、受講者が学びたい講習を選ぶ余地はかなり広くなっていると思います。

福島　免許更新制が最悪のものにならなかったのはよかったと思います。

それから、道徳の教科書に、手品師の話が載っています。売れない手品師が、ひとりぼっちの男の子に手品をする約束をするのですが、有名な手品師がドタキャンをして、その売れない手品師に大きな舞台でパフォーマンスするチャンスがめぐってきます。でも、彼はその男の子と約束していたから、大舞台の話を断ってしまう。これが美談になっているわけです。でも、それってしていいのでしょうか。つまり、男の子との約束の日を変更することもできるはずです。何千人という人がその人のマジックを見て楽しむことができたかもしれないのに、自己犠牲が美談になる。たしかに、それも一つの選択肢ですが、そうではない選択肢が山ほどあるはずで、そこで知恵を使うのが人間なのではないでしょうか。

前川　道徳の小学校・中学校の教科書には、一つの道徳的価値に子どもたちを追い込んでいくような物語が満載です。そこに出てくるのは自己犠牲と自己抑制です。自分を生かすのではなく、殺す方向の話ばかりなんです。全体のために尽くせとか、何を犠牲にしても約束を守れ、とか。

福島　まるで、死んでもラッパを離さなかった陸軍兵士の木口小平のようです。木口は戦前の修身の教科書に登場していました。

前川　いま戦前回帰的な勢力が非常に強くなっていて、与党政治家を通じて、教育行政、教育現場に影響を及ぼすようになっています。その一方で文科省は、八〇年代以来の一人ひとりを大事にしようという方向性は捨ててはいないわけです。その結果、道徳の授業について文科省が発しているメッセージは矛盾に満ちたものになっています。学習指導要領そのものを読んでみると、徳目主義で、この徳目は大事だ、その徳目でこれを教えなさい、あれを教えなさいと書いてあります。自己抑制、自己犠牲、愛国心、日本人としての自覚などを教えろというわけです。ですが、学習指導要領がそうなっているにもかかわらず、「学習指導要領解説」という文書には結構まともなことが書いてあります。「特定の価値観を児童に押しつけたり、主体性をもたず言われるままに行動するよう指導したりすること」は「目指す方向の対極にある」とか、「答えが一つではない道徳的な課題を一人一人の児童が自分自身の問題と捉え、向き合う」ことが大事だとか書いてあり、子どもたちが「考え、議論する」道徳に転換するんだと言っているんです。ところが、同じ文科省が検定したはずの教科書がそういう授業にふさわしい教材になっていない。特定の価値観に誘導するようなものばかりなのです。じゃあ、どうするか。

東京の小学校の教員に宮澤弘道さんという方がいるのですが、この宮澤さんたちが中心になって、「中断読み」という方法を実践しています。中断読みというのは、たとえばいまの手品師の話ですと、街で出会った少年に明日また来てあげるよと約束をした。しかし、帰宅すると、隣の大きな街の大きな舞台で演じるオファーが来た。そのまま教科書を読むと、大きなチャンスを断って、少年との約束を守りました、偉かったですね、で終わるのですが、宮澤さんたちは、大きな舞台で演じてくれという依頼があったところで読むのを中断するわけです。そして、子どもたちに、皆さんがこの手品師だったらどういうふうに考えますかと問いを投げかける。そうすると、福島さんがおっしゃったように、別の解決策が出てきます。答えは一つではないのです。

「みんな違ってみんないい」という金子みすゞの言葉がありますが、学校はそういうところでなくてはいけないと思うんです。私が仲良くしている木村泰子さんは、大阪市立大空小学校の初代校長として、保護者や地域の人たちと一緒に、まるで解放区のような学校をつくりました。ここにはいじめられた子も、不登校だった子も、脳性麻痺の子も、発達障害の子もいて、インクルーシブ（包摂的）教育の一つのモデルでした。やろうと思えばこういう学校づくりができます。実際、世田谷区では校則を全廃した校長が出てきました。

福島　公教育がそうした形で地域のオープンスペースを提供できるといいのですが、そのためには、学校の先生にも多様な存在を許容できるゆとりがないといけないと思います。

人権をどう教えるか

三浦　先ほど小学校の道徳教育にショックを受けた話をしましたが、他方で、子どもが通っていた保育園では、すごくいい教育が行われていました。それは、ＣＡＰ（Child Assault Prevention, 子どもへの暴力防止）というプログラムで、四歳か五歳のときに一週間実施していました。希望すれば親も受けることができるので、私も受けたのですが、このプログラムでは人権を教えていきます。ただ、人権という言葉はまだ子どもたちは分からないから、もっと易しい言葉を使います。たとえば、子どもたちに「自分の体は誰のもの？」と聞くと、四歳ぐらいだと、「ママのもの」と言うわけです。それを聞くと、母親としては胸キュン、という感じになるわけですが、そうではなく、「自分の体は自分のものだよ」と教えていきます。

これは性的虐待対策でもあります。たとえば、大人の男性の親戚からキスをされたとき、どういうふうに対処するかを考えます。そういうふうにされて、おかしいと思ったら、誰か信頼できる大人に言うんだよ、と教える。憲法の精神を生かし、個人を尊重するのであれば、小学校に入る前の段階からこうした人権教育を本格的にやるべきではないでしょうか。

前川　長い保守政権の下で、人権教育・平和教育はできるだけ遠ざけようという動きがずっとあったと思います。

三浦　戦争での日本人の犠牲や広島、長崎について教えるなど、平和教育はまだ行われていると思うのですが、人権教育は弱いのではないでしょうか。

前川　日教組の先生たちは人権教育に熱心でしたが、日教組自体が弱くなりました。

福島　部落差別の解消を目指す同和教育は行われていましたが、ＣＡＰのような自分を守るトレーニングはまだ少ないのでしょうね。

三浦　子ども同士のいさかいでも、嫌なものは嫌なのだから、その気持ちを尊重すればいいのですが、そうではなく、慮ることを教えるわけです。でも、何が嫌かは人によって基準が違います。嫌だと言われても、人はそれぞれ違うのだから、傷つく必要はない。これはすごく当たり前のことだと思うのですが、子どもたちはそういう教わり方はしていません。

前川　日本全国同じだとは言えないのですが、文科省がそういう方向の教育に積極的でなかったことは紛れもない事実です。

子どもに対する暴力をなくす

福島　私は一年前、「子どもに対するすべての暴力をなくす」ことに取り組むプロジェクトをつくりました。愛光女子学園などの女子少年院、児童相談所、そのほか大阪市の「こどもの里」、世田谷区の「せたホッと（せたがやホッと子どもサポート）」などを回り、子どものシェルターを運営している弁護士の坪井節子さんたちにもお目にかかりました。

少年犯罪の厳罰化が進んでいるのに、少年院は収容人数が減っています。かつてのように暴走族になるような子どもは減り、部屋に閉じこもって自傷行為に走ったり、自殺してしまう子どもが増えている。女子少年院の女の子たちも、薬物に関する事例があり、男性に言われてやってしまうなどの問題もあります。また、実父・義父に性暴力を受けている子もいます。夜の繁華街に行くよりも、家のなかの方が危険な状態です。なので、少年院・女子少年院ではカウンセリングや箱庭療法を行って、子どもたちを矯正するというより、むしろ応援しようとしています。

『原発危機と「東大話法」』（明石書店、二〇一二年）の著者、安冨《やすとみ》歩さんは、「子どもに対するすべての暴力をなくせば社会は変わる」とおっしゃっています。学校は勉強する場所ですが、同時に、子どもの命を守る場所だと位置づけたらいいのではないでしょうか。現在、スクールカウンセラーが把握している性暴力の件数は年間四五〇〇件ほどなのですが、文科省は加害者のデータを取っていません。確かに四五〇〇件の書類をつくるのは膨大な仕事で、そこにエネルギーを注いでほしいわけではないのです。ですが、いじめにしても、性暴力にしても、調査の統一フォーマットがないために、実際のところどれだけ被害が起こっているのか分からなくなっています。

前川　義務教育の学校には、六歳から一五歳までのほぼすべての日本に住んでいる子どもたちが通っています。これだけ網羅的に子どもたちの状況を把握できる場所は他にはありません。ですから、学校をプラットフォームにして、教育から福祉や医療といった分野に学校の機能を拡大することは有効だと思います。

実際、「子どもの貧困対策大綱」でも、学校をプラットフォームとした子どもの貧困対策を打ち出していますが、先生たちにはあまり評判がよくないんです。ですが、これは先生たちの仕事を増やすことが目的なのではなく、スクールカウンセラーやスクールソーシャルワーカーなどの専門職をもっと学校に配置して、福祉や医療との連携を強めることが目的です。

ただ、その前に学校そのものの体質を変えなければいけないと思います。明治以来の軍隊式の教育がいまだに残っていて、そのうえ、子どもにもっと厳しくしたり、校則を厳しくしたりする動きは、上からだけでなく、現場からも起こっています。そうではなく、学校は「民主主義の学校」であるべきだと思うのですが、それなのに、道徳の教科化が加わって、子どもたちをいっそう統制の対象にしていています。道徳の学習指導要領には、父母・祖父母に対する敬愛の念を持てと書かれている。ですが、実の親や祖父母から虐待されている子どもたちに、父母・祖父母を敬えと言っても、それは無理な話です。それに、父母・祖父母のいない子どももいます。

このようにステレオタイプ化された徳目を子どもたちに押しつける傾向が強まっているのですが、何とかそれを打破して、子どもたちは尊厳がある存在であり、人権の主体なのだという意識を教師自身がちゃんと持つようにしなければいけない。学校の人権教育の前に、教師の人権教育をしなければいけないと思います。

福島　人権が分かっていなければ、人権を教えることはできません。

夜間中学とは

福島　前川さんは夜間中学支援にもかかわっておられますが、これも子どもたちの尊厳を守る活動の一環でしょうか。

前川　夜間中学には、公立夜間中学と自主夜間中学があります。公立夜間中学はれっきとした学校教育法上の中学校です。そうなのですが、七〇年間文科省がほったらかしにしてきたおかげで、ものすごく自由な空間が生まれています。非常に生徒の多様性が豊かで、外国人も多く、通っている人たちの年齢も入学前の学習歴もまちまちです。夜間中学は、多様性を認めなければ成り立たない学習空間です。整列したり、足並みを揃えて行進したりするなんてことは、やりようがないようなところです。

昼間の中学校の生徒が夜間中学に来ると、生徒たちが喜んで勉強していることにびっくりするそうです。昼間の中学校ではみんなイヤイヤ勉強しているのに、夜の学校では何でこんなにみんな喜んで勉強しているんだろうと、驚くようです。山田洋次監督が『学校』(2)という映画で描いた空間は、学校の一つの理想像だと思います。ですから、昼間の中学校も夜間中学のようになってくれるといいですね。

自主夜間中学は、本来、公立夜間中学があれば行きたいという人たちが自主的に集まって勉強している場ですが、私は福島市にある福島駅前自主夜間中学と、神奈川県厚木市にある「あつぎえんぴつの会」という二つの自主夜間中学でボランティアスタッフをやっています。自主夜間中学にも本当にバックグラウンドの違う人たちが集まっています。

二〇一六年一二月、超党派議員連盟が母体になって教育機会確保法が成立しました。この法律

---

(2)　一九九三年から二〇〇〇年までに製作されたシリーズ四作品の第一作。

には、主に二つの狙いがあります。一つは、若いころに学校に行けなかった人、あるいは不登校だった人、あるいは十分な教育を受けられないまま日本に来た外国人、そういった人たちのためにもういっぺん義務教育の学びをやり直す場をつくることです。夜間中学はそうした場の一つです。もう一つは、いま小学校・中学校で不登校になっている子どもたちのために、学校の外に、いままでの学校ではないタイプの学習の場をつくることです。ただ、この学校外の学習については、フリースクールの関係者のなかで意見が割れたんです。意見が大きく分かれたのは、当初の案で示された「個別学習計画」という仕組みをつくるかどうかでした。保護者が個別学習計画をつくって市町村教育委員会の認定をもらえば、学校外の学習を義務教育として認めるというものでした。結局この仕組みは最終的な法案には盛り込まれず、「個々の不登校児童生徒の休養の必要性」や「不登校児童生徒が学校以外の場において行う多様で適切な学習活動の重要性」を明示するにとどまったのですが、同時に国や自治体が「不登校児童生徒が学校以外の場において行う学習活動の状況」などを「継続的に把握するために必要な措置を講ずる」といった行政側の関与を求める規定も入ったので、文科省や教育委員会の介入によってフリースクールがその自由さを奪われるのではないかという警戒心が残ったんでしょうね。

福島　そうですね。

前川　結局、最終的には折り合いがつきませんでした。この法律は超党派議員連盟が母体になったけれど、不登校の子どもたちの学校外での学習の場に関する部分については、このように当事者であるフリースクール関係者のなかに反対論があったため、社民党・共産党は反対しました。

「民主主義の学校」へ

前川　本当は、いまの昼間の小学校も中学校も、もっと一人ひとりを大切にして違いを認めていく場になればいい。余計なルールを押しつけるのではなくて、自分たちで最低限のルールをつくるという民主主義の基本に立ち返って運営する場、まさに「民主主義の学校」になるべきだと思います。そして、自由が大事であるという前提に基づいて、人の自由を奪う自由はないというルールをつくっていく。こうして自分たちでルールをつくれる市民に育てていくことがものすごく大事だと思います。

学校という場所は、私はやはり必要だと思いますし、学校が民主化されたらとてもいいと思うのですが、どこまで行ってもそういう学校になじめない子は出てきます。やはり、集団教育という、学校の持っている宿命的な性質がありますから、すべての子どもがそこでハッピーかというと、そうではないと思います。ですから、学校の外で学ぶという選択肢は認めるべきだと思っています。すでに三〇年にわたってフリースクールを運営してきた人たちがいます。私は、フリースクールで学ぶという選択肢も、無償の義務教育として制度的に認めるべきだと思います。公立の小学校・中学校で学ぶという選択をしない人たちに対しても、無償の教育が保障されるような公的な財政支出の仕組みが必要です。

ただ、こうした主張について、文科省のなかにも、政治家のなかにも「学校制度が崩壊するじゃないか」と言う人がいるのですが、私はそんなことはないと思います。オルタナティブな場をつくっても、本体がガラガラと崩れることはない。崩れると思っている人たちは、意識的にか潜在的にかはともかく、実は学校は強制収容所だと思っているから、オルタナティブに反対するのでしょう。

福島　「収容所」が楽しければ、だれもがそちらに行くでしょう。

前川　そう思います。昼間の中学校の生徒が夜の学校に来て、何でみんな喜んで勉強しているんだろうって思うというのは、昼間の中学校に行っている子どもたちにも強制収容されているという意識があるからだと思います。学校ではないところに行って勉強できるなら、そのほうがいい。そういう子どもたちが出てくるのは、当然のことだと思います。

この前フリースクールに行っている子どもと話をしたとき、学校とフリースクールの違いは何かと尋ねると、整列の有無だと言っていました。フリースクールでは子どもたちを整列させることはありません。整列は森有礼《ありのり》(3)が導入した兵式体操、軍隊式の訓練の基本です。整列は日本の学校の文化として染み付いていて、日本の学校はそこから脱却できていないと思います。

三浦　私の子どもが小学校に入ってすぐ、学校はあまり面白くないと感じていたようでした。楽しいはずの体育でも整列ばかりやらされて、とても苦痛だったそうです。それに、これだけ危険性が指摘されているのに、いまだに組体操も行われています。

また、一〇歳のときに行う二分の一成人式も疑問です。学校によると思いますが、二分の一成人式では、親に感謝をする手紙を書いて、それを親の前で読まなければいけなくて、そのために、学校側が小さいときのエピソードをいろいろと聞き出していきます。ですが、すべての家庭が円満とは限りません。さまざまな家庭の事情があって、なかには虐待を受けている子もいるでしょう。そうしたことへの配慮はどうなっているのでしょうか。

私のところにも、二分の一成人式への参加案内が学校から届いたので、手紙を書いて学校に提出しました。このような、本当は言いたくないかもしれない家庭の事情を、保護者全員がいる場で子どもに言わせるようなことはやるべきではないと学校に伝えました。すぐに担任の先生から電話を頂戴し、家族について人前で話すことはないとの説明を受け、最終的には参加しました。二分の一成人式も組体操も、保護者が喜ぶから学校はやっているようです。学校では、上から

（3）一八四七―一八八九。政治家。日本の初代文部大臣。

の押しつけ、抑圧がある一方で、保護者もそれに加担している面があります。親が組体操などに対して不安を抱くことがないとしたら、そのことに懸念を持ちます。

子どもへの暴力をなくすというのは根源的な価値であり、それに最大のプライオリティを置いて政策を組み立てたら、いまとは全く違う方向に進むでしょう。また、前川さんがおっしゃったように、学校は「民主主義の学校」であるべきだと思います。子どもは主体的な決定を行う個人であり、学校では、そうした個人が集団生活を営むために、公共の場としてのルールを自ら作り出すことが必要です。ところが、いまの学校現場からは公共精神が欠落していて、代わりに道徳、規律、ルールが上から押しつけられている。

前川　それが「公共」だというわけです。

三浦　子どもたちは滅私奉公、自己犠牲を教え込まれているので、大学で新入生を見ていても、主体的に学びたいと思う心が相当程度抑圧されているように感じます。自分で学びたいと思って授業に来ているわけではないから、大学の先生に対する敬意もない。とにかく単位が取れればいいという感じの子が少なからずいます。この点で留学生は学びたいと思って日本に来ているので、意識の高い学生が多い。学びたいという主体的な意欲があり、日本人学生と格差が開いています。

その意味で、かつてのゆとり教育は、主体的に学ぼうとする姿勢を涵養するという重要な問題提起をしていたと思います。しかしそれは実現せず、公共精神も育まれないまま、自己肯定感は低いという一八歳の現実がある。

それに、大学生の貧困は深刻です。学費は親が払っても、生活費は自分で稼いでいる学生がたくさんいます。バイト先を聞くと飲食店やドラッグストア、スーパーが多く、ブラックバイトのような形で働いているケースもあり、さらに言うと、夜のほうが時給が高いので、夜に働く学生も多く、疲れ切っています。ここ数年、奨学金を借りてバイトを少し減らしたいという話を日常的に耳にするようになりました。ですから、授業で使用する本の価格を意識せざるをえません。それに、就職活動のときも、スーツが一着しか買えないから、一番汎用性のある黒を買うと聞きます。入学式や入社式では黒いスーツ姿が並ぶのも背景には経済問題があります。このように、パブリックなことを考える余裕のない環境に、いまの学生たちは置かれているのです。

主権者教育を阻むもの

三浦　若者の状況はこのように厳しいのですが、一八歳から選挙権を持つことになりました。主権者教育についてはどう考えていますか。

前川　主権者教育は教育の中心に置かなければいけないと思います。一九四七年の教育基本法では、憲法の理想を実現するのは教育の力だとしていました。それまで天皇の臣民として、天皇のために死ぬのだと命じられてきた人々を主権者に引き上げるには、教育が必要だと考えていたんです。

ですが、その後の逆コースのなかで、目上に従順な人間を育てる教育になっていきます。大学紛争が華やかだった一九六〇年代の終わり頃は、私の母校(麻布高校)もそうだったのですが、高校でもあちこちで学園紛争が起こり、一九六九年に当時の文部省が高校生の政治活動を原則として禁止する通知を出しました。

ところが、一八歳から選挙権を持つようになって、高校三年生の教室にはすでに有権者がいる状態になりました。そこで、二〇一五年に高校生の政治教育・政治活動について文科省が通知を出し直したんです。高等学校の授業では政治教育が大事であるとしたうえで、現実の具体的政治的事象についても取り上げなさいというものです。事象には制限はなくて、働き方改革、女性活躍、改憲四項目、北朝鮮やロシアとの外交、消費税の一〇パーセントへの引き上げなど、何でもいい。

ただ、高校生の政治活動については、依然として抑制的なトーンが残っています。通知自体ではないのですが、教育委員会から問合せを受けて、文科省は、学校内は制限し、学校外の、放課後や休みの日の政治活動については届け出制にすることも認めると回答しています。これでは高校生の表現の自由は侵害されたままです。

ボイテルスバッハ・コンセンサス

前川　主権者教育をめぐっては、教師の政治活動も問われます。もともと日本の公務員は基本的人権がかなり厳しく制限されていて、私も長年そうした環境で暮らしてきました。特に公立学校の教師は学校外での政治活動が制限されているのと同時に、政治教育に関しても政治的中立性を保つことが求められていて、さっきの通知では自分の見解を述べてはならないとされているんです。

それに、教師と生徒の関係を利用して、生徒に何らかの政治的影響を及ぼしてはならず、教師と生徒の関係を不用意に利用した結果にもならないようにしなさいと通知では言っています。たとえば、教師がＳＮＳで自分の政治的見解を発信し、それをたまたま生徒が読んだら、不用意な影響を与えたことになる危険性があるわけです。そうすると、もはや教師は、生徒の目に触れるところでは一切の政治的発言を控えなければならなくなるかもしれません。この政治的中立性、公平性という考え方が権力側に都合よく使われ、教師を萎縮させています。

ドイツには一九七六年につくられたボイテルスバッハ・コンセンサスという政治教育の優れたガイドラインがあります。これは、ボイテルスバッハというところに学者や教育者が集まって自発的につくったものです。三つの原則があって、第一は圧倒の禁止。教師は自分の意見を言ってもいいけれど、生徒に押しつけてはいけない。第二は論争性の原則。政治上・学術上の論争がある場合には、論争があることを生徒に伝える。そして、第三は生徒志向の原則。生徒自身が自分のこととして考えて判断するように促す。このように、批判的精神を持った有権者を育てるのであれば、教師が自分の意見を言ったとしても、当の教師自身が批判の対象になり、教師も自分の意見が生徒から批判されるのを当然のこととして受け止めなければいけない。教師が意見を言ったら生徒がそれに引きずられると考える方がおかしい。

日本の文科省の通知が想定しているのはパターナリスティックな教師と生徒の関係です。でも、教師の意見に引きずられていたら、生徒は本当の有権者になることはできません。発想の根本に矛盾があるんです。本当に自覚的な有権者を育てるのならば、教師が自分の意見を言っていいはずです。それを封じているから、たとえば日本会議系の議員に偏向教育とかと言われたら、教師は簡単に縮こまってしまう。

福島　アイドルやタレントが――とくに女性が――辺野古新基地建設反対だとか、少しでも政治的な発言をすると、ものすごく叩かれます。これも同じ萎縮効果があると思います。

変わり始めた空気

福島　先ほど三浦さんが触れましたが、二〇一九年、大学の入学式に多くの学生が黒のスーツを着てきて、過度の同調圧力が働いているのではないかと話題になりました。かつて私が司法研修所に入ったときには自由な服装をしていましたし、裁判所に行くときにも、ニットの赤いスーツやワンピースなど結構派手な服を平気で着ていたのですが、最近は、国会にインターンに来る学生たちは見事にリクルートスーツを着ています。

ですが、たとえば週刊誌『ＳＰＡ！』で「ヤレる女子大学生」と書かれたことに対して、女子学生たちが抗議の声を上げました。もっとみんなが声を出していいのだという空気ができつつあるように思います。

三浦　安倍政治に「ノー」と言うところまでは行かなくても、性暴力、痴漢など日常的に遭うハラスメントに対して、おかしいと言えるようになってきていると思います。一年前には、ジェンダーの講義の初回で #MeToo(4) を知っているかどうか尋ねると、知っている学生は九〇人中四、

(4)　「Me Too」は「私も」という意味。ＳＮＳでセクシュアル・ハラスメントや性暴力の被害を受けたことを告白する際に用いられるハッシュタグ。

五人だったのですが、今年（二〇一九年）は八割以上が知っていました。この一年で #MeToo は確実に浸透しました。四月から始まったフラワーデモ(5)には、従来声を上げることのなかった人たちが加わっていました。月を重ねるごとに、フラワーデモの開催地が全国で増えています。

また、大学キャンパスにおいて、「性的同意」という概念を広めようという大学生たちの取り組みも広がっています。

福島　確かに、声を上げる女性の裾野が広がっていることを感じます。

（5）性犯罪への無罪判決に抗議し、性暴力の経験を語り共有するとともに、刑法の改正を目指す集会。

2　女性のエンパワメント

三浦まり

女性のエンパワメント

三浦　ここまで教育について話してきました。結局、教育の名の下で行われているのが選別でしかないことが、生きづらさにつながっています。「生産性」のある人だけが生き残ればいいという競争主義的な考え方中心でやってきた結果、実際には日本は先進国のなかで生産性が一番低いというパラドクスに陥っています。日本の教育投資は、一人あたりで見ると、子どもの数が減っているのでそこまで落ちてはいないのですが、対GDP比でOECD最下位の二・九パーセント（二〇一五年）です。OECD平均は四・二パーセント、最も高いノルウェーだと六・三パーセントと日本の倍以上です。[6] 企業が行う社員研修などの人的投資もこの一〇年でかなり減っています。国も企業もお金を使わないので、自分で自分に投資するしかない。ですが、親の世代の賃金も下がっているので、自己投資もなかなかできない状況です。

（6）　https://www.nikkei.com/article/DGXMZO35255610S8A910C1000000/（二〇一九年八月二〇日閲覧）。

人への投資、教育への投資をいかに行っていくかが、九〇年代以降、ヨーロッパ中心に世界の課題になっています。産業が高度化していくなかでは、人材の育成が重要です。そうしたなかで、ITだったりAIだったり、最新の技術を使い、新しい価値を生み出す人間が生まれてくる。ですが、日本ではそれが進まず、第二次安倍内閣になってからは不思議な形の「人づくり革命」が提唱されるようになりました。

福島　国家が人づくりというのは怖いですね。

三浦　安倍内閣の「人づくり革命」は就学前教育も強調していますが、つまみ食い的です。幼児教育の無償化も待機児童が解消されないまま先行させています。大学教育の無償化や奨学金の拡充も、実際に設計に問題を抱えています。

人への投資ということ自体はいいのですが、それだけではなく、視野を広げた「社会への投資」が必要だと考えています。(7) 教育へも税金を投入しますが、個人がスキルを身につけて競争を勝ち抜くためではなく、社会関係資本を充実させるためにお金を使う必要があります。

ところが「人づくり革命」では、実際にはお金を出していません。教育の名の下で選別が行われるだけの結果をもたらしかねず、さらには選別の基準が国家や「より上のもの」への盲従を強いるもので、これでは女性や障害者はふるい落とされてしまうし、新しい価値が生まれるはずもありません。そもそも、選別の基準について公的に議論されることもないまま、そこで上昇した人は優秀であるというお墨つきが得られる。

ですが、選別の過程は不透明です。学生の就活状況を見ていると、人の目を見てちゃんと挨拶ができるキビキビした男子学生はすぐに就職が決まり、少しシャイな女子学生は成績がすごく良くてもなかなか決まらない。

前川　そんな企業は潰れるんじゃないでしょうか。

三浦　そう思うのですが、「コミュニケーション力」が企業の選別基準になっていて、社会的に見て公平なのかどうか議論されることはありません。

企業の昇進の基準には無限定な働き方の受諾が暗黙のうちに組み込まれています。高いパフォーマンスを出せるかもしれないのに、子どもを産んだから重要な仕事は任せられない等のバイアスが埋め込まれています。

実際に舞田敏彦さん（教育学研究者）の分析によると、学歴別に上位一〇パーセントから下位一〇パーセントまで五段階で所得分布をとると、どの所得階層においても高卒男性の方が大卒女性よりも所得が高くなっています。このように、受験戦争や学力テストを盛んにやっているわりには、日本では女性の経済力は、学歴よりも性別の方に大きく左右されてしまうのです。しかも、

（7）　三浦まり編『社会への投資――〈個人〉を支える　〈つながり〉を築く』岩波書店、二〇一八年。

このことを誰もが薄々分かっているから、親は女の子には投資をしない。たとえば、二〇一九年、東大の入学式での上野千鶴子さんの祝辞(8)が話題になりましたが、東大はいまだに女子学生の比率が二割にとどまっています。

福島　エンパワメントについてよく言われているのが、第一に自分のことを大事だと思える力、第二に選択できる権利、第三に人間関係を変革する能力、第四に公平な世界秩序を構築できる能力です。これはすごくいいですよね。

つまり、世界のことを考えるのは、自分が不幸だったら難しくて、自分がまずエンパワメントされないといけない。そのためには若い人の経済的な負担を解決しなきゃいけない。いまは学費が高いために、大学生の半分が奨学金をもらっていて、貸与額の平均が三〇〇万円。そのうち有利子の奨学金が七割です。実際、二〇〇〇万円借金があるという大学院生に会ったことがあります。若い人は社会人としてスタートする時点で借金がある。自分の人生が足元で揺らいでいるのだから、公平な世界秩序を構築するどころではないのだと思います。

女性議員を増やす

三浦　そんななかでも、二〇一九年の統一地方選挙には史上最多の女性が立候補して、史上最多の女性が当選しました。ただし、割合は低いままです。統一地方選挙の前半戦と後半戦のうち、前半戦の道府県議会で女性を増やすのはとても難しいということが今回も見えてきたと思います。他方、後半戦の市区町村議会は格差が広がっています。東京都区部では女性議員が平均三割を超え、市部では四割を超えているところもありますが、女性議員がゼロの議会もまだまだあります。全部調査をしないと正確な数字は出ないのですが、町村議会の三割、市区議会の二割近くがまだ女性議員ゼロと考えられ、これまでとは大きな変動はなさそうです。

女性たちは長いあいだ、「ゼロ撲運動（女性ゼロ議会を撲滅する運動）」をやってきました。今回象徴的だったのは鹿児島県垂水《たるみず》市です。戦後一度も女性議員が誕生したことがない垂水市で、女性候補を擁立するために、域外の女性たちが応援に入って、二人が立候補し、一人が当選しました。二人とも当選できたらよかったのですが、まだまだ地域の壁は非常に大きいと思います。

ただ、今回の統一地方選挙は報道量がとても多く、また、女性記者が中心になって取材を進め、女性の新人候補やＬＧＢＴの候補に焦点を当て、立候補に至った動機を丁寧に追っていました。

（8）　社会学者の上野千鶴子が、二〇一九年四月の東京大学入学式の祝辞で、東大には女性差別が存在し、努力すれば報われると思えること自体が恵まれた環境にあることの表れであると明確に指摘し、大きな反響を呼んだ。

シングルマザーだったり、子ども食堂を運営していたりとか、いろいろな経験のなかから見えてきた地域の問題を解決するために、自分が政治の場に入って変えていく——そういう個人的なストーリーがたくさん出てきました。それを読んで、これは自分のことだと思った女性たちも多かったのではないかと思います。そのなかから、数年後に立候補する女性が出てくるでしょう。その意味で、次につながる、希望が見える選挙だったと思います。

福島　国会は男社会なので、もっと女性議員が増えてほしい。女性が進出することで、政策の優先順位が変わります。一九九八年に国会議員になって、私が最初に取り組んだのが「ドメスティック・バイオレンス防止法（DV防止法）」でした。当時超党派の女性議員が中心になってこの法案をつくり、全会一致で成立しました。

二〇〇九年九月に成立した連立政権で、私は男女共同参画などの担当大臣になり、二〇一〇年五月二八日、辺野古の新基地建設に反対し、閣議決定への署名を拒否して大臣を罷免されるまで九カ月間務めました。その間、二〇〇九年一二月に「女性首長大集合！」というイベントを行い、当時二九人いた自治体の女性首長のうち二二人が来てくれました。男たちにいじめられているとか、議会で叩かれるという話が出ると思いきや、みなさん意気軒昂で面白かったんです。

町議から町長になったある女性は、町議に初めて当選したとき、やることはいままでと変わらないことに気づいたそうです。ごみ、保育園、学童クラブ、学校、給食、まちづくり、障害者政策、介護など、町議会で扱う課題は、確かに女性が担ってきたことです。これは目からウロコでした。

困っている人にこそ政治の支援が必要です。たとえば、アメリカでは女性の連邦議会議員が増えています。トランプ大統領が誕生したことで危機感を抱いた女性たちが、二〇一八年の中間選挙で民主党から立候補し、先住民族、ムスリム、黒人、ヒスパニックの女性たちが当選しました。彼女たちは、複合差別の対象です。映画『シェイプ・オブ・ウォーター』は発語障害がある女性が主人公で、黒人女性がキーパーソンですが、現実の世界でも複合差別を受けている女性の時代がやってきたと思います。

三浦　トランプに対する反発というのはとても大きいと思います。長年女性の権利のためにたたかってきたヒラリー・クリントンが性差別発言を繰り返すトランプに敗れたショックから、トランプ大統領の就任式の翌日にはウィメンズ・マーチが行われ、四年後を見据えた運動が始まり、実際、中間選挙では史上最多の女性が立候補しました。また、受け皿になる政治スクールにも、数多くの人が参加しました。

日本でも「政治分野における男女共同参画の推進に関する法律（日本版パリテ法）」ができましたから、これを活用していきたいと思います。市町村議会には無所属の議員がたくさんいますが、国会議員と都道府県議会議員に立候補するには基本的に政党の公認が必要なので、政党の責任が問われます。この法律は政党に対して男女の候補者数を均等にするように求める点で画期的です。今回の統一地方選挙では、女性候補者が法律の目標値である五〇パーセントにかなり近い共産党から、四パーセントちょっとの自民党まで、かなり差がありました。それでも、自民党の二階俊博幹事長が「女性を擁立しないといけない」とか、「男性の現職を差し替えてでも勝てる女性候補者にしなければならない」と発言するまでになっています。

また、今回の統一地方選挙の報道では、「女性」の数や割合が示されるようになりました。これまでは「新人」「現職」としか示されていなかったので、私は写真を見て、名前を確認して、一人ひとり女性を数えていたんです。今回は告示日の夕刊一面で党派別の候補者数一覧に女性の数や割合を組み込む紙面も多かったです。各政党の女性擁立状況の「見える化」が進みました。

日本の民主主義において、政党の責任を問うことはこれまであまりなかったのではないかと思います。ですが、候補者を選ぶのは政党であって、私たちは選べない。ですから、政党での候補者の選ばれ方をもっと透明にして、誰がどういう基準で選ばれたかが分かるようにする必要があります。党員やサポーターが候補者の選出に関与できる、開かれた政党になれば、いい候補者が出てくると思いますし、女性の候補者も増えるはずです。

中央省庁のなかの女性

福島　国家公務員も、少しずつですが、女性が増えてきています。

前川　文科省は他の省庁よりも増えています。一九七九年に私が入ったときから、文科省（当時は文部省）は女性が比較的多い職場でした。多いと言っても、その頃はいまに比べたらずいぶん少ないのですが。でも女性の先輩には鍛えられましたし、元文科大臣の遠山敦子さんはかつて私の上司でした。年々女性の数は増えていき、いまでは、毎年採用する総合職で女性が四割から五割の間ですね。一般職は年によっては五割を超えることもあります。ですから、文科省の採用は、かなりパリテ（男女同数）に近付いていると思います。

もともと文部省は、かつての厚生省、労働省と並んで、女性の応募が多かったんです。文部省には、黙っていても女性は優秀な人が来るからありがたかった。ところが最近は他の省庁も積極的に女性を採用するようになったので、文科省もうかうかしていられなくなっているんです。

私の同期には女性が二人いましたが、二人ともかなり強い使命感を持っていました。それから、二年先輩の板東久美子さんもそうでした。

福島　板東さんは女性の官僚として有名な方でしたが、いまは法テラス（日本司法支援センター）の理事長です。

議員の醍醐味

三浦　女性で議員であることの生きづらさはありませんか。

福島　国会はやはりしんどいところもあります。国会で質問をして、反論されて、なよなよとしているようでは通用しません。「どうして恫喝するんですか?」と安倍総理に言い返さないといけませんから。

私自身は議員になったときに、「タフでなければ生きていけない、優しくなければ生きている資格がない」と考えていました。ハードボイルドです。いまは「優しくなければ生きている資格がない」の部分が大事だと思っています。

前川　レイモンド・チャンドラー(9)の言葉ですね。

福島　そうです。私は、社民党党首だった土井たか子さんに「憲法を守ってほしい」と言われて立候補を決めました。「有事立法がこれから五月雨のように出てくるから、一緒に頑張ってほしい」と言われたんです。立候補する前、弁護士は自分の天職だと思っていましたが、いまは国会議員はとてもいい仕事だと思っています。社会をもっとこう変えたい、こんなことを何とかしたいという思いや考えや政策を具体化し、実現していけるのですから、とてもやりがいがあります。ですから、女性たちに、議員になるのも選択肢の一つかなと思ってもらえるとうれしいです。

私は一日一日ハッピーに生きるのが信条です。私が立候補を決めたとき、土井さんが、「議員になったら毎日ハッピーというわけにはいかないけれど、やりがいを感じることはあります」とおっしゃったことをいまも時々思い出します。秘密保護法、戦争法、共謀罪などの悪法が強行採決されて成立していくのを目の当たりにすると、実はすごく傷つきます。民主主義が一日一日壊れていく音を直に聞いているかのようです。ですから、毎日ハッピーというわけにはいかないのですが、やはり法律をつくるときにはやりがいを感じます。二〇一九年六月、動物愛護法改正法が成立したときもそうでした。

それから、給付型奨学金もそうです。馳《はせ》浩文科大臣のときに、予算委員会で給付型奨学金について質問したところ、少し前向きな答弁が返ってきたので、食い下がってさらに質問したら、「検討する」と言ったんです。翌日の朝刊の一面トップは「文科省、給付型奨学金について検討」でした。

私たちの仕事は空振りのこともあるし、うまくいかないこともあるのですが、国会での質問によって物事が動いていくんです。

（9）　一八八八―一九五九。ハードボイルド作品で知られるアメリカの作家。『大いなる眠り』ほか。

前川　動きますよ。

福島　その醍醐味があるから、政治が変わらないとは思わないんです。議員の仕事は、この社会を少しでもいいものに変えていくことだと思います。官僚、ジャーナリスト、絵を描く、音楽をつくる、映画をつくる、先生になる、子どもに絵本を読んで聞かせるなど、あらゆる仕事が社会をよくすることにつながっていると思いますが、議員はよりダイレクトに社会に働きかけることができます。

議員は芸能人のような人気商売のところがあり、また、国会は男尊女卑ですが、実力主義でもあります。昔の栄光ではなく今日何をするかが重要だという感じがします。

三浦　国会では、やはり質問に勝負を懸けているのですか。

福島　質問も大切ですが、私はやはり立法を頑張ろうと思っています。そのために、動物愛護法改正法案の議員連盟など、いろいろなところに参加しています。女性への暴力防止や子どもの権利保障にも取り組んでいます。

女性差別撤廃条約があって男女共同参画社会基本法がある。障害者権利条約があって障害者差別解消法がある。ですが、子どもの権利はいまだに付加的に位置づけられていて、子どもは躾《しつけ》の対象であり、統治の客体とされています。子どもの権利条約があるのですから、川崎市が子どもの権利条例をつくったように、子ども権利基本法をつくりたいと思っています。

法律の影響など大したことはないと思われているかもしれませんが、男女共同参画社会基本法があったからDV防止法をつくりやすかったですし、日本版パリテ法もそうではないでしょうか。

三浦　ほかにも、包括的差別禁止法や性暴力被害者支援法があるといいですよね。

福島　はい。LGBT差別解消法案や性暴力被害者支援法案は、野党で国会に提出しています。

ハラスメントの防止へ

福島　かつてドイツ社民党のオスカー・ラフォンテーヌが、「政治家は職業上の殴られ屋」だと言いました。私は「殴られ屋」になることを覚悟して議員になったのですが、そのわりには殴られていないないなと思っています。

三浦　相当バッシングを受けていると思いますが……。

福島　褒めてくれる人もいるけれど、批判する人もいて当然で、批判され、叩かれてなんぼのもの、と思っているところもあります。他の議員よりも質問で目立ったりすれば、何らかのリアクションがあるのは織り込み済みです。もちろん、そのたびに傷つくんですよ。傷つかなかったら化け物です。私は生身の人間なのですから、化け物になってはいけない。名誉毀損の裁判もやっています。フェイクニュースの横行は止めなくてはなりません。

官僚も叩かれることがありますよね。野党からだけでなく、自民党からもガンガンとやられるのではありませんか。

前川　自民党の部会よりも国会の委員会の方がましです。自民党議員からの恫喝はひどいものです。「愛国心はならず者の最後のよりどころ」という言葉がありますが、自民党議員には愛国心をよりどころにした「ならず者」がたくさんいます。

福島　若くして立候補した女性たちがセクシュアルハラスメントや、いわゆる「票ハラ」などさまざまな嫌がらせを受けていることを何とかしなくてはいけないと切に思っています。そうしなければ、女性は議員にならないし、続けられません。

三浦　他の国でも政治分野のハラスメントは大きな問題になっています。日本は女性議員がまだ少ないから、大きく扱われてこなかったのですが、問題は根深いと思います。

福島　アメリカではトランスジェンダーの人が立候補して、生命の危険に晒されたことがありました。

三浦　ネット上のハラスメントについては、業者に対する規制をどうするかが課題です。直接的なハラスメントを防止するには、議会の倫理規範や苦情処理窓口が必要ですし、第三者委員会の設置も考えられます。他の国ではすでに動いているのですが、日本はまだまだです。たとえば、二〇一四年に東京都議会で塩村文夏《あやか》議員がセクハラヤジを受けた問題について、結局都議会としては何も見解を示していません。ヤジを飛ばしたことが音声で特定された鈴木章浩議員だけが、自民党の会派を一年間離脱し、それで幕引きです。

国会でも地方議会でも早急に対策を立てるべきですし、それには実態調査が必要です。日本版パリテ法の参議院附帯決議に、女性の参画を阻む障壁について調査するという項目があるのですから、内閣府が調査を進めてほしいと思います。

操作される言葉

福島　きちんと対策をしないと、この先も公人による差別やハラスメントが続くと思います。石原慎太郎元都知事のババア発言とか、ＬＧＢＴは生産性がないとか（杉田水脈《みお》衆議院議員）、女は子どもを産む機械とか（柳澤伯夫《はくお》厚生労働大臣）、後を絶たない。このところは、菅義偉《よしひで》官房長官の会見で、東京新聞の望月衣塑子《いそこ》記者が、さまざまな嫌がらせを受けています。

その一方で、私たちは国会で何か言えばすぐに削除要求を受けます。「戦争法」と言ったら、削除要求が来ました。ですが、小渕恵三内閣時代に周辺事態法案が出されたときには、これを「戦争法」と呼ぶ共産党に対して、「御党が戦争法と言うのは分かりますが、私たちはこう考えています」とちゃんと議論していたわけです。ところがいまはいきなり削除要求です。二〇一八年一一月、参議院予算委員会で、入管法改正法案について、「技能実習制度を廃止すべきじゃないですか。現代の奴隷制ですよ」と発言したら、削除要求を受けました。「現代の奴隷制」がよくないというんです。

三浦 議事録から削除されても映像で残っていますよね。

福島 NHKで中継されて、みんなが見ているからこそ、議事録からそれを削除せよと言うわけです。現に、削除要求が来るのは全部テレビ中継のある予算委員会なんです。厚生労働委員会で「現代の奴隷制」と言っても、誰も何も言わない。

ですから、削除要求は安倍さんに対する一種のおべっかであり、野党議員への萎縮効果を狙っているのではないか。面前DVのようなもので、「こんなことを言ったらやり玉に挙げるぞ」と脅すことで、みんながちょっとずつマイルドになる。もちろん「戦争法」も「現代の奴隷制」も削除要求には応じませんでした。

三浦 言葉を操作する政治が、「生きづらさ」が一向に解消されないことの根幹にあるのかもしれません。「女性活躍推進」「働き方改革」など、肯定的なイメージや「やってる感」の演出に余念がないように見えます。こうしたネーミングは官僚が考えたのですか。

前川 安倍総理が繰り出す言葉は、官邸の官僚が考えているのでしょう。安倍総理、菅官房長官の周りに、今井尚哉《たかや》、和泉洋人、長谷川榮一など、知恵の回る役人や役人上がりの人間がたくさんいて、キャッチーな言葉を次々に繰り出す。「女性活躍」や「人づくり革命」などは全部官邸発ですよね。

福島　野党は盗聴法と呼んでいましたが、かつても「捜査のための通信傍受法」がつくられました。

前川　毎週金曜日の昼に各省の次官が集まる事務次官等連絡会議が官邸で開かれます。みんなで食事をしたあと官房副長官からいろいろとお達しがあります。いまは各省が官邸の下部機関のようになっているので、この連絡会議は上意下達の場です。ある日の事務次官等連絡会議で、杉田和博官房副長官が、共謀罪法案について、「これを「共謀罪法」と言う人がいるけれど、絶対に君たちは使ってはいけない。共謀罪ではなく「テロ等準備罪」と呼ぶように徹底せよ」と言ったことをよく覚えています。

福島　共謀罪法案は過去三回廃案になっています。「テロ等準備罪」としたのは、「共謀罪」というネーミングが失敗だったと総括したからなのでしょう。

三浦　「高度プロフェッショナル制度」という名称も、その反省から出て来たのかもしれません。

福島　私たちはそれを「過労死促進法案」と呼んでいました。

三浦　第一次安倍内閣の二〇〇七年に、ホワイトカラー・エグゼンプション法案が出されましたが、これは「残業代ゼロ法案」であると、かなり批判され、取り下げられました。しかし今回「高プロ」として働き方改革の一環に位置づけられ、スルッと通ってしまいました。

働き方改革は、ある程度長時間労働を削減する効果はあるだろうと思いますけど、時間外労働を一〇〇時間未満まで認めるなどの「毒まんじゅう」が含まれています。それが巧みな言葉でコーティングされ、いいものに見えてしまう。安倍内閣は、いい改革をしていると勘違いさせる言葉づくりがとてもうまいと思います。

前川　言葉をつくっちゃいますよね。

三浦　たとえば私が比較社会政策論の論文を書く場合、女性就労支援政策というニュートラルな言葉を使いますが、これが日本については「女性活躍政策」になってしまう。ですが、海外の女性就労支援政策を女性活躍政策に置き換えると、すごく変なのです。女性活躍も働き方改革も本当なら使いたくないですが、メディアも使っているし、短時間で人に伝えるときには私も使わざるを得なくなっています。思考が狭められるような言葉を次々と繰り出す権力性に、社会はもっと警戒する必要があると思います。

前川　これは安倍さんの戦法で、「世の中をいい方に変えますよ」というメッセージを含んだ言葉を使うんです。そのために安倍さん＝改革者というイメージが定着していて、だからいまの若者たちは、安倍さんは革新勢力で、共産党は保守勢力だと思ってしまう。護憲を主張する人たちはいまのままでいいと言っている、でも安倍さんは改憲で世の中をよくしようとしている――
そういうイメージを植えつけています。

三浦　若者が保守化しているのか、保守化はしていなくて、安倍内閣が革新的なイメージを打ち出すことに成功していて、それにコロッとだまされているのか――。後者の側面があるのではないかと思います。安倍内閣もいつか終わります。ですが、内閣人事局を筆頭に安倍さんがつくり出した忖度機構は残り、それがエリート層を支配し続けるのではないでしょうか。また、国家を私物化してかまわないのだと思う人がずいぶん増えたように思います。この構造を変えるにはどうしたらいいのでしょうか。

福島　忖度と権力の私物化はひどい状況で、後遺症は相当続くかもしれません。

前川　続くでしょうね。政権交代があったとしても、二、三年では回復できないと思います。つまり、いま霞が関の局長以上のポストには、官邸の言うことを聞く人間しかいない状況になっていると思います。内閣人事局は七〇〇人の審議官以上の幹部公務員をずっとウォッチしています。私の場合はそこからスルッと抜けて文部科学事務次官になりましたが、いまやどこの役所も官邸がスクリーニングした人間だけが昇進していきます。なかには面従腹背している人もいると思いますよ。ですが、それでも結局「面従」しているから、官邸の言うことを聞いているわけです。言うことを聞かないと上のポストに就けないというのが官僚の常識になっています。私の古巣の文科省も、二〇一八年一〇月の人事はひどかった。事務次官も、ナンバーツーのポストである審議官も、局長も、なるはずのない人たちがなっています。役所のなかで、誰もが認める人物がいるはずです。この人だったら局長でしょう、この人だったら次官でしょうという期待を裏切って、思いも寄らない人事が行われている。これは官邸の力が働いたとしか考えられない。そういうことが他の役所でも起こっています。

事務次官というのは、実は具体的な政策についてあまり発言権はなくて、いちばん大きな仕事は、省内の人事です。任命権者は大臣ですが、大臣が省内の人間をすべて知っているわけではないので、誰を昇進させるか、させないかは、最終的には次官が考えています。その次官が官邸に掌握されてしまうと、その下の人事まで縛られることになります。つまり有力なポストに就く人物が、官邸の権力に従う人間ばかりになっているという状況が、いま各省に出現していて、これは相当根深いと思います。それこそ左遷された人間をもう一度呼び戻すような人事を何度か繰り返していかないと、回復は難しいのではないでしょうか。

福島　そのことは国会でも感じます。結局、「決められる政治」というのは、官邸のみが決める政治になっています。

前川　そうですね。先に出た、給付型奨学金の条件に実務家教員の授業を一割以上入れるとか、法人の役員に産業界の者を入れるとかといった縛りをかけるのは、文科省からは出てこない発想です。そもそも奨学金は学生本人に与えるもののはずですが、こちらの大学に行ったら出るけど、あちらの大学に行ったら出ないというのはおかしい。外交にしても財政にしても、外務省や財務省の自律性が失われて、すべて官邸主導になっています。

多様な民意を政治につなぐ

三浦　こういうことが可能になったのは、安倍総理一人のせいというより、源流に九〇年代の政治改革があります。政治主導を目指して選挙制度改革を行い、官邸を強くするように省庁再編をして、総理のリーダーシップを強めた。民主党政権もその流れに乗っていました。ですが、その結果、いまの非常に危険な状態になってしまった。

なぜ九〇年代に政治改革が行われたかというと、その方が責任がはっきりするからでした。五五年体制を通じて、自民党のなかで擬似的な政権交代があったけれど、責任の所在がはっきりしなかった。それが二大政党制になって、政権交代が可能になれば、有権者が政権を選択することができる。そうした選択の自由が必要だということで、一九九四年に小選挙区制が導入され、以降改正を重ねてきた結果、いまの非常に危険な状態になってしまったわけです。

福島　本来、官僚と政治家はどちらが上ということではなく、緊張関係を保ちながら協力するのが筋です。いまは政治主導が暴走しています。

三浦　ひどい政治を行っても次の選挙で審判されるから、と有権者に丸投げしてしまったことが問題です。責任追及の仕組みを埋め込まないまま、政治主導を進めたことの総括が必要です。民主党の責任はずいぶんと追及されましたが、安倍内閣の責任はそこまで問われていません。このダブル・スタンダードはアンフェアです。

福島　やはり小選挙区制が問題です。一つの選挙区から一人しか選ばれないわけですから、女性をはじめとしたマイノリティはますます出にくくなってしまいます。私は、当時は議員ではありませんでしたが、小選挙区制導入に強く反対しました。言ったとおりになったじゃないかと、とても怒っています。

重要だけれども票にならない問題がたくさんあります。外国人、難民、死刑廃止、人権問題もそうです。マジョリティからたくさん票を取れない問題は埋もれてしまい、保守であれ革新であれ、政策や公約がどんどん似てしまう。

三浦　あのころの資料を読み返すと、政権交代が必要だ、自民党をひっくり返す仕組みが必要だという熱気に突き動かされていたことが分かります。一応「民意の多様性」を理由に、比例代表制と小選挙区制を並立させたわけですけれども、その「多様性」というのは少数政党のことでしかなく、多様な議員が必要だという議論は全くありませんでした。まずは都道府県のレベルから比例代表制を取り入れて、多様な民意を代表する、多様な政治家を増やすべきです。

福島　本当は一票でいろんなことが変わるんですよね。たった一人の言葉でいろんなことが変わっていく。そういう小さい成功体験の積み重ねが、「生きづらい」人へのエンパワメントになればいいと思います。

3 教育と政治

福島みずほ

二〇一九年参議院選挙の結果をどう考えるか

三浦　私から二〇一九年七月の参議院選挙の結果について簡単に述べたいと思います。私は安倍内閣に対して非常に厳しい結果が出たと受け止めています。一つは、いわゆる「改憲勢力」が三分の二を割ったということ。もう一つは自民党が単独過半数を維持することができなかったということがあります。何をもって「改憲勢力」とするかは微妙ですが、選挙報道では自民党、公明党、維新がそれにくくられていたと思います。安倍総理は選挙遊説で改憲を訴えていたわけですから、自民党の改憲は信任されなかった、というのが選挙結果だと思います。

もっとも、参議院は半数改選ですし、結果が微妙なところがあります。自民党はクリアに勝ったわけではないのですが、かといって野党が躍進したわけでもなく、これをどう見るかの解釈自体が今後、秋以降の国会運営に大きく影を及ぼすだろうと思います。

悲観的なメディアの論調ですと、三分の二は割ったものの、野党もあまり伸びなかったという受け止めが強いと思うのですが、果たしてそうなのでしょうか。というのは、自民党は単独過半数を取れませんでしたし、かつ、投票率がこれだけ低かったので、通常でしたら与党に有利になるのですが、大きく勝ち越すこともなかったわけです。安倍内閣と自民党にとっては厳しい結果だったのではないかと考えています。

かといって野党が喜べる状況かというと、そうとも言えません。立憲民主党は小さく勝ちましたが、批判票がかなりれいわ新選組に流れたようで、大きな躍進には至っていません。確かに、立憲民主党と国民民主党を足したとしても、三年前の民進党の三二議席を割っているので、野党共闘の成果が出ていないという見方もあるかもしれません。他方で、一人区で野党が一〇議席取ったことについては、私はかなり頑張ったと見ています。事前の予想では一〇を下回る可能性も指摘されていました。三年前の参院選ほどには議席を取れないというのが大方の見方だったにもかかわらず、上限と見られていた一〇議席を取ったというのは、野党はかなり善戦したと、私は見ています。

野党共闘は定着しているし、結果を出したと見るのか、それとも前回より一人区で一議席少なく、野党共闘はそれほど支持を得ていないと見るのかによって、次の衆議院選での野党の戦略が変わってきます。いま言論をどちらに誘導するかのせめぎ合いが起きていますが、私は野党共闘はかなり効果があったと見ています。

また、野党は女性の候補者をかなり出しました。前回の参院選以上にその点には熱心であって、勝利した女性候補者もけっこういましたし、敗れたとしても惜敗だったケースがそれなりにありました。ですから、女性候補者は選挙に有利だと野党共闘の側が総括するのであれば、次の衆議院選挙においても、より積極的に女性候補者を出すという流れが続くでしょう。

朝日新聞(二〇一九年七月二八日付)によると、一人区のうち女性候補者が男性候補者を破った宮城、秋田、滋賀、三重、愛媛を含む六選挙区では、女性有権者が女性候補者に投票したという傾向が現れていて、とくに三〇代の女性票が厚かったそうです。詳細な分析が必要なのですが、女性候補者がジェンダーの問題——選択的夫婦別姓がなかなか実現しないとか、同性婚を認めてほしいとか、女性の大多数が非正規労働者であるとか、そうした生きづらさを訴えていることに、女性たちが共感し、支持したのではないかと考えられます。この流れができることがとても重要で、その兆しが見えてきたという意味では、希望の持てる選挙結果だったと受け止めています。

福島　社民党は、政党要件をクリアすることができました。これをクリアするのとしないのとでは全く変わってしまいます。それに、とりわけ憲法改正の論議がどうなるかというこのときに、ぶれない社民党には存在意義があると思っています。

前川　戦後一貫してぶれない護憲政党としての社民党の存在意義は大きいと思います。

福島　ただ、七人の候補者を立てたうち五人が女性で、それぞれ素晴らしい人たちなのに、当選させることができなかったのは、本当に残念です。

また、参議院選挙については、今回改憲勢力が三分の二を取れなかったことはいいのだけれど、三分の二＝一六四議席で、いま改憲勢力が一五九議席です。自民党が実はそんなに勝っていないという事実について、これから私たちがどうキャンペーンを張るかが課題です。改憲勢力で三分の二を取れなかった、つまり国民は憲法改正を望んでいない。それなのに、安倍総理は「憲法改正の議論をしましょう」と言う。ですが、安倍さんの議論は九条改正の議論であって結論が決まっています。あなたのために国会があるのではないと断る必要があります。

安倍さんの側近である萩生田《はぎうだ》光一さんが、憲法改正の議論が遅れたのは大島理森《ただもり》衆議院議長のせいであり、議長を替えるべきだと言いましたが、これはすさまじいことです。気に入らないものはすべて変えていく。こんなことは許されません。萩生田さんは、二〇一九年の安倍改造内閣で文科大臣になりました。

三浦さんもおっしゃいましたが、三二ある一人区のうち、秋田、山形、岩手、宮城などで野党の候補者が勝ちました。新潟や長野、沖縄もそうです。ですから、これを三年後の参議院選挙にどうつなげるか、あるいはその間にある衆議院選挙で政権交代を起こすほどに野党を盛り上げていけるかが課題です。やはり野党共闘の意味はとても大きくて、今回の参院選の結果を評価するのなら、立憲野党の協力がいっそう必要であると総括したほうがいいのではないかと思います。

今回の選挙で野党が掲げた争点は、暮らし、つまり、年金、雇用、税金の使い道で、それが共感を得ました。今後は希望の組織化と具体化が必要で、選挙で提起された問題に、議員たちが本気で国会の内外で取り組むかに懸けていきたい。

選挙期間中、街頭では「生きづらい」という声をよく聞きました。あるシングルマザーは、生徒たちのなかで娘だけが進学しなかったと言っていました。お金がなくて、入学金が払えなかったからです。娘さんはいま二〇歳で、今日もアルバイトに行っていると涙ながらに語られました。

今回の参議院選挙は勝者はいないと言うけれど、党を超えて仲間が増えたと思っています。今回女性が二八人当選して二二パーセントになりました。でも、まだまだ少ないですね。国政選挙、とりわけ参議院選挙は県単位ですから、どの地域でどこが応援するかによって、勝敗が分かれたところもあります。個人のキャラクターよりも、地域とか組織が大きく作用する面もあります。

三浦　次の衆議院選挙は小選挙区——私は小選挙区は廃止したほうがいいと思っていますが——ですから、たとえ他党の候補者でも、立憲野党の候補者だったら応援していくという構図をつくらないといけないと思っています。女性候補者を増やすうえでも、そういう工夫が必要です。

福島　今回のれいわのように、特定枠の上位に市民派の候補者を持ってくることもあり得ますか？

三浦　それはあり得ると思います。

三浦　拘束名簿であれば政党のなかで話し合いをして、男女交互などにする方法を取ってほしいです。他方で、政党はやはり組織票に頼るところもあります。支持母体の組織がどのぐらい票を持ってくるかの競争で、名簿の順序が決まる。そうすると市民派は名簿の下のほうになってしまいがちです。候補者や名簿の順序の決め方をオープンでフェアなものにしていくというのが、大きな課題だと思います。

福島　もちろん、労働組合などの組織も大切ですが、もっといろいろな人材が国会に出てくるといいなとは思っています。それに、役人は理詰めで来られるのが一番嫌なんですよ。役人が嫌がるような議員がもっと国会で増えてほしい。たとえば、市民派で、経験を積んできた人が当選できるようになったらいいと思っています。

徐々に現れてきた教育基本法改正の影響

前川　参院選については投票率の低さが気になります。これはなぜなのか短期的な要因を考えると、やはりメディアのせいではないかと思います。政府与党にメディアが操られているから、テレビはとくに、できるだけ選挙を盛り上げないように、選挙の問題には触れないように番組編成をしたのではないか。むしろ意図的に政治離れが起こされたのではないかという気がしています。

中長期的な視野で見ると、やはり教育の問題がある。政治教育、あるいは主権者教育というものがずっと不十分だったということです。とくに二〇〇六年の教育基本法の改正以降、教育の世界でも体制に従う風潮が非常に強くなっていると思います。昔は権力の言いなりになる教師のことを師範型教師と言っていました。師範学校で権力側の考えを刷り込まれて、それをただ伝えるだけの教師という意味なのですが、このところ新しいタイプの師範型教師が増えてきているのではないかと心配しています。

メディアに対しても、教育に対しても、安倍内閣は、公平性、中立性という言葉を持ち出して圧力をかけています。メディアは公平であるべきだと言うけれど、メディアはメディアで自主的・主体的に何が真実で何が虚偽であるかをちゃんと見分けて、それを国民に伝えなくてはいけないはずです。嘘をついている人と本当のことを言っている人を二人並べて、同じように扱えば公平なのか。これはおかしい。国民が追及できないところをメディアが追及して、「これは本当だ」「これは嘘だ」とちゃんと見分けて示さなくてはいけない。それが公平性という名の下で、嘘と本当がごっちゃにされている。公平性、中立性という言葉は、メディアを萎縮させるうえで十分な効果を発揮していると思います。権力側は要するに批判を封じるために公平性、中立性を持ち出しているわけです。

教育の世界でも文科省は、政権の意向を受けて、学校の政治教育は中立的でなければいけないという圧力をかけています。主権者教育が必要だと言う一方で、教師の中立性を盛んに求めるので、結局教師たちは萎縮してしまう。少しでも具体的な政治の問題に踏み込むと、偏向だとか、政治的中立性を侵しているだとか言われるので、「触らぬ神にたたりなし」の姿勢になっていると思います。

教育基本法の改正は、歴史修正主義や国家主義といった考えの政治家が増えてきて、草の根でもそういう考えが広がっていることの、一つの現れだと思います。国政レベルだけではなく、市町村議会レベルでも、市町村長にも歴史修正主義的な考えを持つ人が増えていて、そこからの圧力が学校にも及んでくるわけです。

たとえば、教育長の首がすげ替えられたり、教科書採択への介入が行われたりしています。二〇一一年、教科書の採択で問題になった沖縄県の八重山地区(石垣市・竹富町・与那国町)の場合は、石垣市の市長が替わったために教育長が替わり、教育長が替わったら採択する教科書も変わっていく。そういうことがあちこちで起こっている。

こういう草の根右派運動が強くなっていて、それは教育基本法改正の影響が中央から地方に及んでいったためでもあるけれど、地方そのもので戦前回帰的な動きがあちこちに起こっていて、公平性、中立性というマジックワードで教育に圧力をかける。これが政治離れ、政治には近寄らない方がいいのだという感覚を、学校教育のなかで醸し出していると思います。

福島　改正前、教育基本法は日本国憲法とともに車の両輪でした。基本的人権・平和主義・国民主権を学校現場で教えることを大切にしてきたのが教育基本法でしたが、改正でそれが傷ついた部分がやはりあります。おそらくかつての学校現場では、基本的人権が大事だとか、平和が大事だとか、憲法九条がどのように獲得されたかなどについて、教師はもっと語ることができたと思います。安保関連法の問題点とか、慰安婦問題についてももちろん学校現場で語っていいはずなのだけれど、それが政治的だと言われ、授業で触れることができなくなる。基本的人権や歴史認識について語ることがとてもリスキーで、躊躇せざるを得ない状況が、教育基本法の改正から時間を経て、やはり生まれてきていると思います。

国家か個人か

三浦　若者の自民党支持が増えていることや保守的な傾向があることが指摘されています。また、若者の投票率も低いままです。一八歳選挙権が実現したその年だけ一八歳の投票率は高かったのですが、一九歳ですと親元を離れている人も増えるので、投票率が下がってしまいます。若者は政治的な知識があまりなかったり、政治のとらえ方が上の世代とはかなり違い、自民党が革新的に映り、護憲派は保守だととらえている人もいます。この構図だと、共産・社民が一番保守になってしまいます。実際に授業で一時間半説明しても、「結局、社民は保守ですよね?」と念を押してくる学生もいるくらいです。

右と左の違いや五五年体制など、ベーシックな知識が共有されていないので、公明党についても「福祉と平和の党」として結成されたと授業で説明すると、みんなポカンとしています。ですから、かつてと現在の政党配置図を比較しながら教える必要を感じています。

大きな前提としては、国家か個人かというのが今日の政治の対立軸だと説明しています。強い国家を実現するためには、ある程度個人は犠牲になっても仕方がない、富裕層や企業を優遇することが強い国家の実現につながるのだ、という考え方に賛成する人たちと、個人の尊厳、幸福が最も重要であって、国家はそれを保障するために存在するのだから、まずは個人の尊厳を尊重する政治を求める人たちとがいます。「右と左はちょっと忘れて、国家か個人かという対立軸のどちらを選ぶのかを考えてみてください」と言うと、多くの人は個人の尊厳を重視することを選びます。もちろん、国家重視の学生もいます。

前川 現在の道徳教育をめぐる問題なども、その本質は個人か国家かという問題です。

福島 国家と個人という対立軸で考えていくのはいいかもしれないですね。監視社会化も強まっています。新自由主義的な、一パーセントの富裕層とそれ以外の九九パーセントの人々との格差社会、すべて自己責任でいいのだという社会をつくるのか、人々が互いに支え合い、一人ひとりが大事にされる社会をつくるのかも、やはり分かれ目だと思います。

三浦　そうなのですが、他方で、今回の参院選では同性婚や選択的夫婦別姓などの比較的新しいイシューや障害者の権利保障が問われて、個人重視の学生ならそこにシンパシーを持つかと思いきや、そうでもなかったりします。「そういうのってマイノリティの権利じゃないですか。マイノリティの権利ばかり強調するのは、マジョリティを無視することだと思います」という意見も出てきます。マイノリティを大切にすることで、それを通じて、すべての人が大切にされることになるとは受け止めてもらえない。一部の人たちの権利を主張することによって自分の権利が奪われるという剝奪感を持ってしまうようです。

参院選で野党はマイノリティの権利を大切にすると主張していましたが、それが支持層にいまー つ広がっていないのだとすると、「中間層に属しているから自分は大丈夫だ」と思っている人たちの心にも届く言葉、メッセージの伝え方が、現状を打破するためには必要なのではないでしょうか。

福島　選択的夫婦別姓は、全員に別姓を強制するものではなく、同姓を選んでもかまわないわけです。そういう選択肢を保障することが、女性の生きやすさ、働きやすさにつながるという感覚があまりないんですね。マイノリティの権利、女性の権利は女性の権利と片づけてしまう。実はマイノリティとマジョリティはいつでも交換が可能で、いつでもそれはつながっているという感覚がない。でも、誰でも刑事被告人になるかもしれないし、監視の対象になるかもしれない。転がり落ちる恐怖はないのでしょうか。

三浦　私が勤めている大学では、そういう恐怖を感じている学生は少数派のように思えます。マイノリティとマジョリティは陸続きだし、いまマジョリティに属しているあなたも、いつかマイノリティになることもある――。そういう丁寧な伝え方が必要だと感じています。

それと同時に、自分はマジョリティだという揺るぎない意識を持っているとしても、社会との関わりにおいては、多角的な視点を持てるはずです。たとえば、生活保護に関して、不正受給が多いという報道を学生たちは真に受けて、バッシングする側に簡単に乗ってしまう。ある種の正義感からそうなるわけです。これはまずいと思い、生活保護バッシングはなぜ起こるのか、政治的背景を分析せよというレポート課題を出したら、ほとんどの学生はきちんと調べ、生活保護叩きが政治的につくられる背景を分析していました。バッシングの構図があるとき、その構図のなかで自分の立ち位置を取らせるのではなく、一歩引いて、バッシングの構図が誰によってなぜつくられるのかを分析させる。こういった伝え方が必要だし、有効なのではないかと思っています。

女性議員が、なるべく一番弱い人の声に耳を傾けると語っている映像を学生に見せたときは、「どうして弱い人のことばかり言うのか」という質問が出ました。弱い人に寄り添うというのは、必ずしも共感を呼ぶわけではないというのは想定外の反応でしたが、学生との対話を続けると、こうした反応をする学生は一定数いることを感じます。

福島　そういう質問をするのは男子学生、女子学生どちらですか？

三浦　性別は関係ないと思います。男子学生も「女性議員をもっと増やすべきです」という意見を言う人が多くて、授業を受けて、本当にそう考えるようになったのなら、うれしいのですが……。

福島　どう対応するか考えどころですね。

「生きづらい」と言えない

三浦　学生のあいだにも格差が広がっています。経済的に困窮していて、自分の将来はどうなるのだろうかと不安を覚えている学生がいる一方で、そうしたこととは全く無縁な、小・中・高・大とずっと私立に通い、経済的にも苦労したことがない学生もいます。そうした学生は、大学に通っていない友だちはいないし、地方の状況も分からないし、想像もできない。

前川　昔の安倍晋三君や麻生太郎君みたいな学生ですか？

福島　そうした学生たちには、マイノリティとマジョリティは地続きだということは、あまり分からないかもしれないですね。

三浦　学生たちのあいだでは、自分が奨学金を借りているとか、経済的な話はしないと思います。

前川　子どもの貧困が外見からは分からないのと同じように、ものすごく苦労をしている学生も、外から見えない。そういうふうに振る舞っているのかもしれないですね。

福島　ボロボロの格好をして大学に通っているわけでもないですしね。

三浦　そうした貧困のイメージが、いまの日本にはフィットしていません。極端なボロボロであれば誰でも分かるけれど、そうではないですよね、現代の貧困は。時代遅れの貧乏イメージが、かえって貧困を見えにくくしています。なので、日本の格差や貧困について教えるには、いろいろと工夫が必要です。自分は政府に助けてもらっているような感じはしないのに、なぜ一部のマイノリティだけが優遇されるのか、貧困だって自己責任じゃないのかと思っているからです。

前川　生きづらさを隠しながら、生きづらくない人に同調しているのでしょうか？

三浦　それはあると思います。生きづらさを見せてしまうことには気が引けるというか、見せたくない部分なのだと思います。

福島　ですが、生きづらさも現実であって、それが言えないのは何か問題があるのではありませんか？　一つは、友だちのあいだで、自分の生きづらさを語る時間や余裕もなくなっているという面もあるかもしれません。また、Facebook や Instagram では幸せな自分を演出しなくてはいけない。つらいことが仮にあったとしても、それはSNSには出しにくいです。そういう媒体ではないし、いろんな人が見る。そうではなく、おいしいものを食べに行ったとか、子どもがかわいいとか、そういった投稿が増える。それはそれでいいのですが、極端な話、子どもを虐待していて、子どもを家に置き去りにしてしまった女性が、SNSでは幸せに満ち満ちているということもあるかもしれません。幸せな部分としんどい部分が、本当は同時に存在しているのだけど、なかなかしんどい部分は出ない。

かつては芸能人がそうでした。夫との関係がうまく行かなくて離婚することになったとしても、表面上はいい妻で、素敵なママで、幸せであるように振る舞わなくてはならない。こうしたことは、特殊な人たちのセルフイメージのプレゼンだったのが、いまは一般の人にもそれが強制されているのではないでしょうか。「生きづらさを出すのはダサい、よほどじゃない限り出せない」という意識があるように思います。

三浦　他方で、#KuToo[10]のようなムーブメントもあります。多くの女性が言えなかったパンプスやハイヒールのつらさや、それらが女性にだけ強制されるおかしさを堂々と言った。ほかにも、

(10)　職場で女性がハイヒールやパンプスの着用を義務づけられていることに抗議して、石川優実が始めた社会運動。#MeToo をもじって「靴」と「苦痛」を掛け合わせている。

さまざまなハラスメントについても、おかしいと訴える人が出てきて、それが共感を広げ社会現象になり、企業も社会も変えつつあります。男性が育休を取ったら、育休明けに転勤を命じられ、退職に追い込まれたことなど、昔だったら泣き寝入りしていたことが Twitter で発信され、それが社会現象になって、会社自体が追い込まれたことに変化の兆しを感じました。これまで日本人は我慢しすぎだったと思うのですが、ひょっとしたら嫌なものは嫌だと言う人が増えてきたのではないでしょうか。#KuToo は日本社会を変えつつある新しい現象ではないかと思っています。

福島　そうですね。たとえば、一〇年以上前から、コンビニの三六五日二四時間営業は労働が過重だと指摘されてきました。それでコンビニ店長の労働組合がつくられて、その改善を訴えて、社会的に共感を呼んでいます。コンビニの店長は、自分でフランチャイズ契約にサインをしているし、労働者ではない、そういう働き方を受け入れたのだから仕方がない、として片づけられていたのが、いまは公正取引委員会などが問題を指摘しています。

コンビニは本当にたいへんだと思います。コンビニは、「倒産しました。債権者の方はご連絡ください」という弁護士名の張り紙があったかと思うと、次に行くと、違う店長がそこでまた経営しているということが多々あります。一〇〇メートルくらいしか離れていない範囲にコンビニの店舗が複数あったりして、労働が過重なのに儲からない。それなのに、社会問題化することはなかった。すべては自己責任で、そういう契約書にサインしたのだから文句は言えないとされてきたのが、やはり言ってもいいんだという空気が出てきています。

三浦　ジャニーズ事務所に公正取引委員会の調査が入ったり、吉本興業の闇も少し表に出るようになりました。タレントたちもいままで我慢していたことを言うようになり、それが社会的に受け入れられるようになってきました。おかしいことは、変えられる。そうした動きの芽がちょっとずついろいろなところで出ている。コンビニ、芸能界、#MeTooや#KuTooなどがつながっていくと、ある日大きなうねりになって、みんなで「ふざけるな！」と言えるときが来るのではないかと期待しています。

教育の無償化

福島　高校の授業料の無償化、給食の無償化、それから、大学の授業料を無料にすることについては、どうお考えですか。いまの国公立大学の授業料と入学金ですと、総額四一六六億円、私立大学では二兆六八〇八億円かかるので、一挙に無料にするのは無理だと思います。また、二〇一八年度の現役生の大学・短大進学率は五四・八パーセントですから、授業料と入学金を無料にするとして、その財源を、高校を卒業して働いている人の税金で確保するのかという問題も出てきます。ですが、たとえば一九七五年の国立大学の授業料は三万六〇〇〇円で、その前年度は一万八〇〇〇円でしたよね。

前川　一万二〇〇〇円ではなかったでしょうか。私の時代は一万二〇〇〇円でした。

福島　それを上げるというので、反対するストライキをやった記憶があるんです。私が大学在学中の一九七五年が三万六〇〇〇円で、そのときの私立の授業料の平均値は一八万円でした。もちろん物価が違うから、その金額に戻せという無理なことは主張しません。

東大生の親の年収が高いということから国公立大学の授業料を上げ、私立もそれに応じてどんどん上げていき、反対に大学の補助金が減らされていきました。ですから、逆に、補助金を増やしてもいいのではないでしょうか。教育学者の大内裕和さん(中京大学教授)にうかがったところ、授業料を無料にするのはいろいろな事情があって難しいから、まずは奨学金の改善から取り組むのがいいとおっしゃっていました。

このように、税金の使い道を変えることがとても重要だと思います。教育における税金の使い道の順番を前川さんはどう考えていますか。

前川　無償化というのは、全員が授業料なしで学べるという仕組みです。国際人権規約(A規約)一三条は高等教育も含めた無償化を前提にしています。ただ、中等教育と高等教育については「漸進的な導入」としていて、すぐには無償にできないことは国際人権規約自体が認めています。

従来日本政府はたとえ「漸進的」だとしても「無償化」は約束できないという立場から、国際人権規約のこの部分は留保していたのですが、民主党政権時代に高等学校無償化を制度化したあと、日本政府は国際人権規約の無償化の留保を撤回したのです。だから現在日本は、中等教育も高等教育も今後漸進的に無償化を目指すことを国際的に約束している立場にあるわけです。にもかかわらず、第二次安倍内閣では、「無償化はばらまきだ」と批判して、高等学校の無償化に所得制限を設けましたから、これは後退なんです。

無償というのは、誰もが授業料を負担せずに学べるということです。その大前提は、誰もが学ぶ機会を保障されているということです。高校無償化の前提として誰もが高校に入れるという状態が必要なのです。高等学校には、現在約九九パーセントの生徒が進学していますが、まだ希望者全入にはなっていないんです。事実上、希望者全入にかなり近くなっているのですが、いまでも定員内不合格を出している県はいくつかあります。私は定員内不合格は出すべきではないと思っています。希望する人は全員どこかの高校に入れることにしなければいけないし、入った人にはその人にふさわしい学習の機会を三年間保障することが必要です。高等学校教育は義務教育ではないのだから、これに追いつけない人は落ちこぼれていいという昔からの適格者主義がありますが、それはなくすべきだと思っています。

無償化は、そもそも希望者全入を前提にしなければできない制度だと思います。ですから、幼児教育に関して安倍内閣が無償化すると言っていますが、待機児童がいるのに無償化するのはおかしな話です。待機児童解消の方が先であって、希望者が全入できて初めて無償化を導入すべきで、そこには順番があると思うんです。

高等教育もいまのところはまだ希望者全入にはなっていません。ただ、専門学校を入れて進学率を計算すれば八割になっています。一八歳以降、何らかの第三段階の教育を受ける人たちは、すでに八割いるということです。それでは、受けていない二割の人はどういう状況なのかと言えば、多くは経済的理由で諦めているわけですから、経済的理由で進学を諦めなくてもいい状態をつくることが先決だと思います。

無償化は、高等教育に関してはまだ早いでしょう。いまやるべきなのは、低所得層の学生に対し、授業料の減免と、授業料以外の部分の教育費の支援を給付型の奨学金で行うことです。小学校・中学校は授業料はないけれど、教材費、修学旅行費、給食費などがかかりますよね。低所得世帯のそういう経費に充てるために就学援助があります。

福島　横浜市の公立中学校では学校給食がありません。川崎市はすべての中学校への導入を実現したんですよね。

前川　学校給食を無償化するなら、その前にまず実施率を一〇〇パーセントに近づけることが必要でしょうね。いまのところ給食費は家計負担になっていて、経済的に苦しい家計に対しては就学援助でカバーする仕組みになっています。ただ、就学援助も小泉内閣の三位一体の改革で国の補助金がバサッと削られたので、それ以降自治体の財政力でばらつきが出ており、それが非常に問題だと思っています。やはりもう一度、ナショナルミニマムの考え方で、国がきちんと財源保障をする仕組みをつくった方がいいと思います。

三浦　塾はどうなるのですか。塾には経済格差が反映されています。

前川　その点については、文科省よりも厚労省の方が意識が高くて、特に中学校三年生をターゲットに、困窮家庭の子どもたちのための、学校外での学習支援事業を行っています。学習を指導する人には報酬を払い、仕事としてやってもらうという考え方です。受験勉強のための塾に行けない子どもたちのために公的に塾をつくろうというのは、文科省からは出てこない発想です。これは厚労省だから遠慮なく始めることができたのだと思います。文科省はどうしても学校を中心に考えますから。

ただ、文科省も実は「地域未来塾」というボランティアベースの事業を行っています。この地域未来塾には誰でも来ることができ、子どもを家庭の収入で区別していません。しかし学習を指導する人はあくまでも地域のボランティアです。ですから、補助金の額は厚労省の方がグッと高くて、文科省の方は微々たるものですが、地域の力を引き出すねらいがあります。賢い自治体は両方を使っていますよ。

福島　就学援助は確かに自治体によって違いますね。文科省からは、すべての中学校に給食を導入したうえで、公立の小中学校の給食の無償化をするのに、さらに四二二七億円が必要だという数字を出してもらったことがあります。それほど莫大な額ではありません。

それから、給食を無償化したうえで、有機化もできるといいのですが、千葉県いすみ市など有機化の先進的な例もあります。いすみ市では、米飯給食に地元の有機米を使っていますし、愛媛県今治市は地産地消の給食を実施しています。今治では地元の小麦を給食のパン食用に供給して、輸入の小麦粉と地元の小麦の値段の差額分を自治体が払っているんです。そうすると、給食費用がアメリカの農家を潤すのではなくて、地元の農家を潤すことになる。

こうした取り組みの結果、いすみ市では、おじいちゃん、おばあちゃんの跡を継いで農家をやりたいという子どもも出てきています。食べ物の安全性とか、そういうところからまた豊かになるといいなと思っているんですね。

学費は下げられるか

福島　奨学金は、現在有利子が七割ですが、無利子を原則にする、給付型奨学金を増やすなど大きな改革が必要です。そして将来に向かって大学生の借金まみれを解決するには、まず、授業料と入学金を安くすることだと思います。そのためには補助金を増やす必要があります。文科省にとっては、それは難しいのですか。

前川　いや、政権交代さえあればすぐできますよ。これは毎年の財務省との予算折衝の問題です。高等教育に対する国のお金の出し方には大きく機関補助と個人補助があります。機関補助というのは、国立大学であれば国立大学運営費交付金、私立大学であれば私学助成、公立大学の場合には、総務省が交付税措置をして設置者である自治体が出します。この機関補助全体がずっと痩せ細ってきている。1章で三浦さんがおっしゃっていましたが、特に国立大学運営費交付金は惨憺たる状態になっています。効率化という名目で一五年間ずっと年に一パーセントの削減を行っている。最初の二―三年は一パーセントの効率化はできるでしょうが、それが一五年も続くと、ボディブローが効きすぎてほとんどノックアウト寸前まで来ている。

三浦　文科省は財務省からプレッシャーを受けていると思うのですが、もう少し大学を守る形で動いてくれないのでしょうか。民主党政権時代も大学運営費交付金は減らされ続けていました。高校無償化は確かに民主党政権の成果だと思うのですが、大学教育に関しては、何か成果はあったんでしょうか。

前川　たしかに財務省のプレッシャーは強いですよね。おっしゃるように、民主党政権時代も国立大学運営費交付金は減らされ続けました。財務省にしてみれば、とにかくプライマリーバランス[11]を早く黒字化したいという気持ちがあるだろうから、どんな経費であれ抑えたいと思っているのでしょう。ただし、防衛費は政治的に決められるので抑えられない。それに対して、公教育や福祉の予算は抑えられるので、抑えられるものを抑えて、抑えられないものは仕方がないということでしょう。

福島　やはり政治の問題ですよね。

貧弱な教育への支出

三浦　なぜ教育予算は抑えられてしまうのか。もし教育予算を抑制すると選挙で不利になるなら、抑えられないはずです。有権者は結局のところは容認していることになるのかもしれません。

前川　奨学金の返済で苦しんでいる若者が投票するかどうかという問題かもしれません。

福島　やはり学費の高さが問題ではないでしょうか。私立は一〇〇万円以上のところもあり、理工系だともっと高い。学生たちは奨学金を借りて、社会人になった時点で三〇〇万円とか五〇〇万円といった額の借金を抱えています。人生が重い鎖に縛られているようなものです。やはり、大学にもっと補助金を出して、授業料を下げられたらいいのですが。

前川　大学や高等教育機関全体に出す財政支出は、2章で三浦さんがおっしゃったように、対

GDP比で、日本はOECDで最下位クラスなのですが、これを少なくともOECD平均並みぐらいまで出す。そのうえで、基盤となる経費はできるだけ塊で出す方がいいのですが、授業料の減免のための特別補助的な支出はあっていいと思うんです。一定の基準以下の所得の人たちには、授業料をこれだけ減らすというもので、累進制で所得に応じて授業料の全額免除から一部免除までを行う。これを機関補助のなかでやっていくのはいい。

ですが、それは全体のパイが増えなければできないので、一五年間ずっと一パーセントずつ国立大学運営費交付金が減ってきているなかでは、もうその余力はほとんどないでしょう。やはり、OECD平均並みぐらいまでは高等教育に掛けるお金全体を増やさなければいけないと思います。

三浦　確かに対GDP比ではOECDの最下位なのですが、一人あたりで見るとそうではありませんん。少子化が進んだために使う総額が減っているということなのでしょうか。この点はどう解釈したらいいのですか。

前川　学生一人あたりで見れば少なくないというのは財務省がよく使う理屈です。もともと少なかったわけですから、やはり支出を増やす必要はあると思います。大学運営費交付金は一パー

(11)　税収・税外収入と、国債費を除く歳出との収支。その時点で必要とされる政策的経費を、その時点の税収等でどれだけまかなえているかを示す。

セントずつ減っていますが、国立大学の入学定員はそんなに減っていません。それに、大学進学率は徐々に上がってきています。

三浦　そうすると、進学した人一人あたりの支出は減っているわけですね。

前川　一人あたりでも減っていると思いますよ。その点はデータを精査しないと分からないのですが。

福島　確かに国立大学の定員は変わらないのに、見事に補助金が下がっているから、それは苦しくなりますよね。知に対する支出をきちんとしなければどうなるか、人々は真の意味で豊かにならないし、社会は衰退していきます。

三浦　日本は科学技術立国であるというイメージがありますし、経済産業省もそれを目指しているはずなのに、なぜ財務省は文科省の予算が減ることを黙認しているのか、不思議です。

前川　そういう塊で出す基盤的経費が減っている一方で、競争的資金を増やしているからいいだろうという理屈でやってきています。

三浦　結果として、学術論文の数とか、論文が引用される回数などのデータで見ると、日本の知的な生産力が下がっています。

前川　やはり短期的成果を求めるようなお金の使い方がよくないのだと思います。大学に対して、三年とか五年で成果を出せというのはそもそも無理です。競争させると全体のパフォーマンスがよくなるという新自由主義的な考え方がそこに投影されているのですが、いいものにお金を出すとしても、いい悪いの判定を一体どこでやっているのか。三〇年経ってやっと成果が出る学問もありますし、三〇年かけても四〇年かけても成果が出ない、ものすごく息の長い研究もあります。たとえば核融合などはそうではないでしょうか。それに、何が成果なのか判定しようがない分野もあります。憲法学はそうですよね。

福島　憲法学だけでなく、哲学、文学、神学などの人文社会系の学問全般がそうだと思います。

前川　このままですと、短期的にＧＤＰを引き上げるのに役に立つ学問ばかりが競争的資金で優遇されることになりかねない。

三浦　いま、経済界が教育に口を出しています。吉本興業が教育事業に参入するのはその一例ですが、なぜ教育とは畑違いの人たちが、教育に対して影響力を持ってきているのか。これがおそらく、短期的な成果を上げろというプレッシャーになっていると思います。これは文科省としても警戒すべきことではないでしょうか。

前川　伝統的文部官僚からすれば、いまは非常に危険な状況です。ただ、文科省はだんだんと経産省に牛耳られるようになっていますし、安倍内閣では、官邸がすべてを牛耳っています。大学無償化に関しても、進学先によって授業料減免と給付型奨学金の対象になる学生と対象にならない学生が分かれます。どの大学に行くかによって選別するという発想はもともとの文部官僚にはないですよ。これは、無償化をあたかも人材に対する投資であるとし、投資をしたからにはリターンが必要だという発想です。高いリターンが見込めるものには投資をするけれども、そうでないものには投資しない。

三浦　生産性の原理ですね。

前川　憲法学、インド哲学、考古学などの学問をする人間には生産性がないとみなされてしまう。ＧＤＰを引き上げる可能性がないから、そういうものにお金を出しても、ドブに捨てるようなものだという発想があるのだと思います。そうでなければ、進学先で学生を選別するなどという暴挙に出るはずはありません。

これは、大学改革を後押しするためだと解説されていますが、何が改革なのかを尋ねると、実務家教員が一割以上の授業をやっているとか、役員に産業界の人が二人以上いるとか、そういうことをメルクマールにしているわけです。学問の世界の評価は学問の世界の人が行うべきであって、そこに政治的な視点が入ってきてはいけない。それがどんどん崩れています。

福島　しかも実務家の定義も不明確です。

監視の網の目を破る

福島　参議院選挙の前に映画『新聞記者』[12]を見ました。前川さんも出演されていて、たいへんおもしろかったのですが、主演が韓国の女優さんだったのが気になりました。
三浦　主演のシム・ウンギョンさんは『サニー　永遠の仲間たち』で好演された方ですね。
福島　そうですね、『怪しい彼女』などにも出演した韓国のトップ女優で、日本語もできる。彼女はたくさんの作品に出演しています。ただ『金子文子と朴烈』もそうだったのですが、韓国の女優さんが日本人の女性を演じることが続いています。これは、日本という忖度を強制する監視社会の生きづらさを反映しているのではないでしょうか。
三浦　そうなのかもしれませんが、『新聞記者』の主人公に、日本人の父と韓国人の母を持つアメリカ育ちという役を設定するなら、韓国との関連も描いてほしかったですね。メディア論が専門の林香里さん（東京大学大学院教授）が『ＷＥＢ世界』で指摘されていますが[13]、この映画に出てくる女性は、妻、母、娘の役割しか与えられていなくて、「昭和オッサン」なテイストです。モデルとなった望月衣塑子記者が官邸記者会見を「政治スペクタクル」に仕立てて政治を動かした

(12)　二〇一九年六月公開（藤井道人監督）。シム・ウンギョンが国家の闇に迫る新聞記者を、松坂桃李が内閣官房内閣情報調査室の官僚を演じた。
(13)　https://websekai.iwanami.co.jp/posts/2221（二〇一九年九月一七日閲覧）。

こと、望月さんの行動に勇気づけられた女性記者がいることなど、女性たちの主体的な行動と連帯には光が当てられていない。女性不在の世界観が色濃く反映されています。

福島　ちなみに、『新聞記者』で有名になった内閣官房内閣情報調査室の二〇一九年の採用案内には、「総理の目と耳としての役割」と書かれています。国民の目と耳ではなく、総理の、です。公務員は公の奉仕者ではなかったのでしょうか。まるでジョージ・オーウェルの『1984年』の世界ですね。安倍総理の目と耳によって国民が監視されている。

前川　これは怖いですね。こんな採用パンフレットがあるとは知らなかったな。

福島　あるんですよ。いまや監視カメラがかなり普及して、もちろん犯罪者の追跡には有効なのでしょうが、やはり監視は怖いと思います。たとえば映画『1987、ある闘いの真実』(韓国)では、学生運動家がお寺や教会にかくまわれていたり、『白バラの祈り　ゾフィー・ショル、最期の日々』(ドイツ)では、大学で配った政府を批判するビラが問題になって、ショル兄妹が逮捕されるわけですが、いまの日本では一夜で誰がやったか判明するのではないでしょうか。

いま教育現場では、教師たちは、この先生はこんな授業をやっていると叩かれたり、やり玉に挙げられたりしています。大学でもそうです。ネット上でも、少しとんがったことを言うと、叩かれたり炎上してしまう。だから発言を控えたりする。物を言えない生きづらさが広がっていると思います。

三浦 参院選の選挙期間中に、札幌で安倍総理にヤジを飛ばした人がすぐに警察に排除されましたし、別のところでも、安倍総理の演説中に選択的夫婦別姓の実現を訴えるプラカードを掲げていたら、黒い服の男性たちがやってきて前に立ち塞がり、プラカードが見えないようにしていたこともありました。そこまでするのかと驚きました。相当神経を使っているということです。一切の反論許すまじという姿勢が見えるのですが、これでは「物言えば唇寒し」になってしまいます。生きづらさというか、自由に発言できない雰囲気が広がっているのを感じます。

一方、#KuTooなどによって風穴が空きそうでもあります。Twitterの役割は大きくて、そこで共感が広がる。#KuTooを始めた石川優実さんはパンプス強制が性差別であることを的確に指摘され、そのために批判、バッシングを受けていますが、丁寧に対応しています。

福島 ぺったんこの靴を履き始めると、なぜパンプスを履いていたのだろうと感じます。重い荷物を持ったり、長時間歩くときの疲れ方が全く違います。

三浦 石川さんは葬儀会社でアルバイトをしていたのですが、そこでは女性はパンプスを履かなければいけなくて、それで#KuTooを始めたと発言されています。そうしたら、どこの葬儀会社か特定してやるといった嫌がらせを受け、結局その葬儀会社を辞めざるを得なかったとTwitterで報告していました。他にも、発言をする女性を黙らせようとネットで絡んだり、脅したり、あるいはブラジャー等を送りつけるなどの卑劣な行為が起きています。こうした匿名の隠れ蓑を用いた卑劣な行為をどうやって防ぐのか、ネット社会の大きな課題です。しかし、石川さんを支えようという動きが広がったことには希望を感じます。

福島　キーワードは、連帯や支え合いでしょうか。支え合う関係があれば、息苦しいこの社会を何とか生きていける。

4　生きづらさに立ち向かう

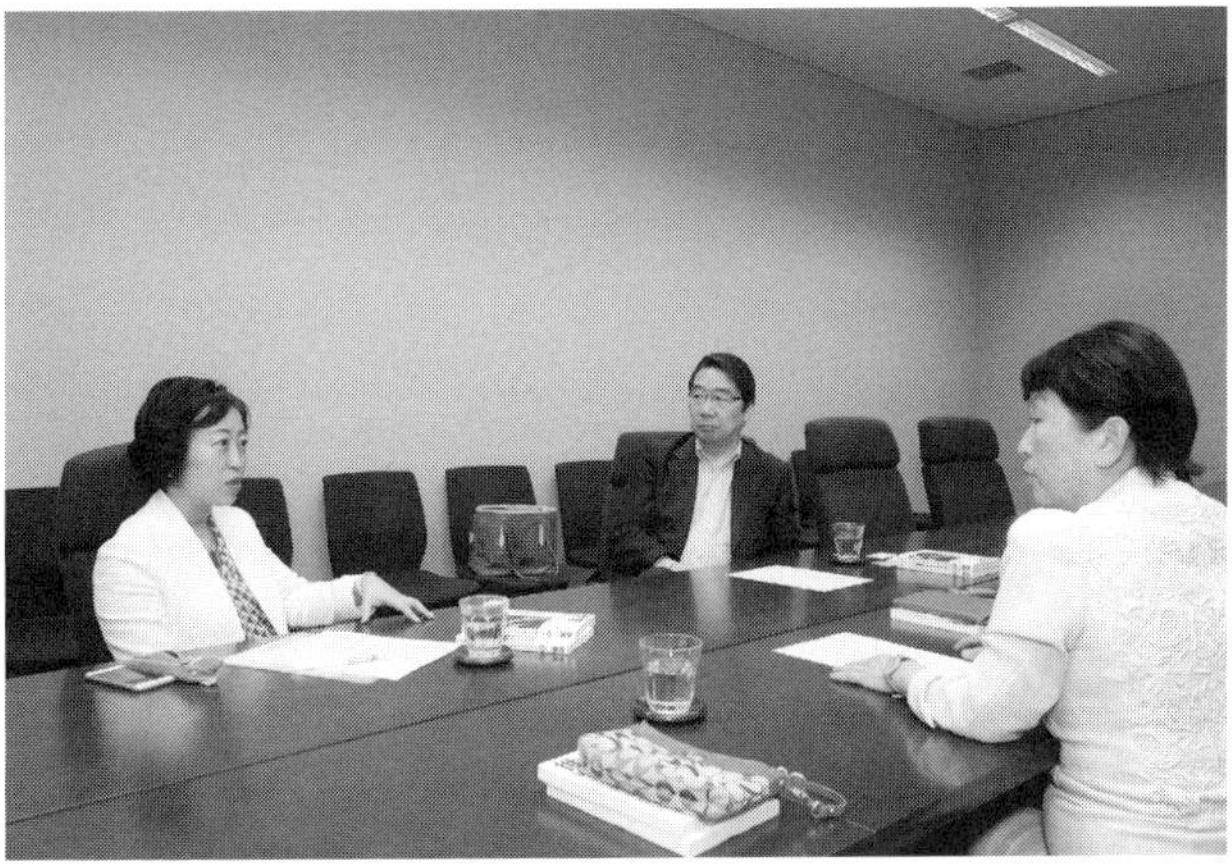

社会の問題に気づく

福島　私は宮崎の田舎で育ち、小・中・高と公立の学校に通ったので、多様な友だちに出会ってきました。新自由主義者になれないのは、やはり地方出身だというところが大きいと思います。もう一つは、女性であるということです。女性は数としては人口の半分ですが、やはりマイノリティですから。マイノリティの声を届けて政治の優先順位を変えたいと思っています。

前川　私は、小学校三年生のときに不登校になった経験があります。これはものすごく大きな経験でした。

小学校三年生のときに、親の都合で、奈良県の田舎から東京に来たんです。東京のある小学校に転校したのですが、その小学校にはなじめませんでした。先生もあまり優しい人ではなかったし、周りの友だちもあまり受け入れてくれなくて、東京の都会的な子どもたちのあいだに入って悲しい思いをしました。たとえば、私は父母のことをお父ちゃん、お母ちゃんと呼んでいたのですが、東京の小学校でそう言った途端に笑われてしまいました。「僕たちはパパ、ママって言うんだよ」と。

もう一つ、転校して苦しい思いをしたのは水泳の授業です。奈良の田舎にいたときには、水泳の授業がなかったんです。昭和三〇年代、奈良の田舎の小学校にはプールがありませんでした。奈良は海のない県ですし、泳げるような川も近くにありませんでした。川遊びぐらいはしていましたが、泳ぎというものを知らなかった。ですが、東京の子は一年生のときからずっと水泳の授業を受けている。クラスメイトと私とでは、水泳の能力がまるで違っていました。私は泳げなくて、水に顔を浸けることすらできませんでした。ですから、水泳の授業のときには、「前川君はそこで顔を水に浸ける練習をしなさい」と言われる。泳いでいる子は動いているからいいですよ。でも、じっと水の中に浸かって顔を水に浸ける練習をしていると、どんどん寒くなって、凍えそうでした。

福島　前川さんのご実家は裕福だと聞いています。水泳教室に通って練習するということは考えなかったのですか。

前川　引っ越ししたばかりで、母も生活の基盤を築くのにてんてこ舞いだったのではないでしょうか。東京に引っ越したあとは、生活習慣も崩れました。奈良ではちゃんと朝晩歯を磨いていたのが、東京に来てからはできなくなった。それで私はいまでも歯が悪いんです。八歳までの奈良の田舎での生活は安定していましたが、私の家は田舎のボスでしたから、あのまま田舎で育っていたらもっと鼻持ちならない人間になっていただろうと思います。

福島　田舎のお坊ちゃまだったのでしょうか。

前川　そうです。だから、八歳のときの強烈な挫折経験がかなり大きいなと思っています。

福島　経験をどう生かすかは本人次第のところもありますよね。

三浦　私は、幼稚園のときは二年間フランスにいました。最初は言葉もできないですし、何かつらい思いはしていたのだろうと思うのですが、あまり記憶にありません。フランスの影響かどうかわかりませんが、人と違うことがいいという価値観は小さいころから持っていました。同じであることは、とにかくよくない。意見とか趣味とかが違わなければ、自分の存在価値がなくなる、というくらいに思ってしまいます。そこは、同調圧力の強い日本社会とつねに齟齬をきたすところですが、適当にマイペースになれる理由かもしれません。

それと、社会が抑圧的だったり、誰かが誰かをいじめているのを見たりすると、そういう環境自体が自分の幸せに影を落とすとも感じていました。個人の幸せは自分を取り巻く個人的関係だけからは生まれず、やはり社会のあり方も影響すると思うのですが、そういうふうには考えない人も多いということも感じています。

福島　ですが、人間は変わる可能性があります。映画やドキュメンタリーを見たり、いろいろな経験を積むなかで、変わっていくこともありうると思います。極端かもしれませんが、女性ならば人生のどこかで女性差別にぶつかるから、そのとき、自分がマイノリティであることを知り、生きづらいと感じるのではないでしょうか。

三浦　高校生で女性差別を感じたという女の子たちと話すと、そのきっかけは痴漢の経験だったというケースがたいへん多いです。どうして女性だということで痴漢に遭わなければいけないのか。しかも、親も周りの大人も、スカートが短かったからじゃないかと、本人のせいにする。自分は何も悪くないのにどうしてなのか――。

ですが、こうした問題に直面しなければ、大学までは女性差別があることにさえ気がつかない女性も多くて、就職活動を始めた頃からおかしいと感じ始めるのが一般的なように思います。最初は、総合職になぜこんなに女性が少ないのか疑問に思う。ただ、そう思っても、ワーク・ライフ・バランスを考えて一般職を選ぶ女性もいて、それを差別と受け止めないことも多いと思います。ところが、やはり子どもを持つと気づくようになり、三〇代、四〇代の女性の方が若い女性よりも性差別に敏感な感じがします。

日本ではこうなのですが、他の国ですと、一〇代のうちから気づく女性が多いと思います。やはりフェミニズムの裾野が広いのでしょう。気づく年代のギャップが日本と他の国にはあります。もっと若いときから気づくようになると、若いエネルギーのフェミニズム運動が、日本でもっと違う形で広がっていくのではないかと思います。

前川　そこで教育が大事だと思います。安倍内閣が進めているような道徳教育ではなく、もっと自分と社会とがつながっていくような学びを実践するべきです。社会科というのは、戦後の民主化のなかで導入された教科で、それ以前の修身科を廃止して、新たにつくられました。社会科は、この社会をつくっていく担い手を育てるための重要な教科として導入されたわけです。

ですから社会科では憲法を学習するのは当然ですし、自分と社会がどうつながっているかをいつも意識しながら物事を考えることができる人間を育てることを目指していましたが、戦後の保守政治のなかでだんだん骨抜きにされて、社会科は歴史と地理だけでいいと思われるようになっていきました。

社会科のうち高校では現代社会という教科がありますが、公共という教科に変わる予定です。二〇二二年度から導入される公共は、いまの政権与党にとって、高校版道徳教育の教科です。やはり戦前回帰が進められていると思います。

二〇一八年四月から小学校で教科としての道徳が始まり、二〇一九年四月から中学校でも教科としての道徳が始まりました。道徳では、自分と社会がつながっていて、市民として市民社会をつくる担い手になるのだとは意識されておらず、まず国家があって、国家のために人は何をなすべきかを考えさせるようになっています。公共というものはあらかじめ国家が独占しているものなのだという考え方です。公共は、本来一人ひとり独立した人間が集まり、つながり合ってつくっていくものだと思いますが、個人ではなく国家から出発するという考え方を教育にも及ぼしていこうというのが安倍教育再生です。とにかく安倍内閣に教育政策を行わせている限りは危ない。国家に従属する人間ばかりつくってしまいます。

福島　ですから主権者教育が進まないんですね。人々はだんだん従属的になり、秩序のなかで生きていくことになってしまいます。

男性の意識変革

福島　参院選に立候補した女性たちを応援して、「女性が未来を開く。おっさん政治をやめさせよう!」とTwitterに投稿したところ、男性差別・年齢差別だと批判されたんです。「おっさん政治をやめさせよう!」というのは、家父長制、男性中心主義、私物化された俺様政治、いまの自民党政治を変えようという意味なんです。でも、先ほどのマジョリティの権利が侵害されるという意識と通じるところがあるのか、自分が批判されたと思ってしまう人がいる。女性からそういう声が上がったら、この社会をもっと変えようと思うよりはディフェンシブになってしまう。女性専用車両への批判も、これに通じるものを感じます。

二〇一六年、韓国ソウルの江南《カンナム》駅近くの公衆トイレで殺人事件が起きたとき、通り魔殺人事件ととらえるか、女性嫌悪殺人ととらえるかが問われました。なぜ彼女は殺されたのか。犯人の男性は「女どもに見下されている」と感じたため殺害したと証言していました。どうしてこういう女性嫌悪の社会ができたのかを考えるべきです。

三浦　実はマジョリティの特権を持っているということに、男性が気づくのはとても難しいことです。最近女性は元気だし、むしろ男性の方がいろいろと剝奪されているように感じて、フェミニズム・バッシングに走ってしまう人が出てくる。もともと下駄を履かせてもらっているということを男性が認識できないと、マイノリティの人たちの権利主張が過剰に思え、男性への逆差別だとか、男性嫌いだとかと受け取ってしまうのです。特権という言葉ではないにしても、事実上男性は優遇されているという事実を突きつけていくことが重要だと思います。たとえば、法律婚のカップルのうち男性が姓を変えるのは四パーセントで、九六パーセントは女性が変えているのですが、名前を変えない側からすると、特権だと言われるのは突飛なことのように感じられるのでしょう。

福島　夫婦同姓で僕は何も困らない、ということですね。

三浦　それが特権だと言われてもピンとこないのかもしれません。当たり前のことだから、それを言われても全く分からないわけです。リベラルな男性は、自分は女性差別をしているはずがないと思っているので、余計に気づけないかもしれません。性差別への気づきと、政治的主張は全く関係がないと思っています。

福島　ですが、男性でも家事育児をしたりして、従来とは異なる現実に触れようとする人もいます。それに、若い世代はかなり変わってきていると思います。休日に赤ちゃんを抱っこしたり、ベビーカーを押している男性は多いです。休日だけかもしれないけれど、三〇年前とはかなり違います。

三浦　とはいえ、男性の家事時間は、日本はまだ一時間です。G20の比較で見ると、インドと韓国が三〇分で最低で、その次が日本の一時間、他のOECD諸国は二時間ちょっとです。その意味ではまだまだという感じではありますが、かつてよりも育児をする男性を見かけるようになったのは事実です。やはり男性の長時間労働が変わらない限り、育児は週末に限定されてしまうのだと思います。

家事育児をやりたいという男子学生は増えているのですが、実際に会社に入って、育休など取れない雰囲気だったら、やはり取らないでおくかもしれないという声も聞きます。その意味で、やはり社会を変えていかないといけないと思います。日本は、個人がたたかうのはとてもたいへんですから。

福島　その点では、育休の義務化という案もあります。自分で選択するのではなく、会社が育休を取れと言うから取るということにすれば、取る男性は増えていくでしょう。

三浦　私も男性育休の義務化に賛成です。

福島　女性のあいだでは、育休は権利なのであって、義務化するのはそぐわないという意見もありますが、義務化で変わる面もあるかもしれません。

三浦　男性が一人で子育てする経験を持つことがとても重要だと思います。女性は妊娠期間中に心身ともに準備をしますし、その後の授乳期間も通じて母親になっていくことができます。でも、男性はそういうプロセスなしに父親にならなければいけません。男性をどうやって父親にしていくかというのは、実は社会的な課題です。ですから、育休を義務化するとしたら、理想的には男女半々にして、最初の半年は女性が取り、残りの半年は男性が取る。女性は半年で職場に復帰することができ、残りの半年は男性が赤ちゃんと一対一になる。そうすれば、ちゃんと父親になれると思います。ですから、一人で育休を取ることがとても重要です。

福島　補助としてではなく、当事者意識を持って、自分も子育てをするという意識が身に付くでしょうか。

三浦　はい。男性が父親になることを社会としてサポートする、その仕組みとして男性の育休を義務にする。そう位置づける必要があると思います。

福島　義務化というより、それを促進するインセンティブをつけたらいいのかもしれません。

三浦　多くの場合、女性よりも男性の方が賃金が高いので、男性の育休が義務化されたら賃金補償をする必要があります。ですが、すでに日本は育児休業中の賃金補償がかなり高いので、実現の基盤はあると思います。

学校から離れていく子どもたち

福島　最近、韓国のフェミニストが書いた本をいくつか読んだのですが、韓国も自殺の多さと少子化が問題になっています。日本と違うところもあるけれど、とても似たところもある。ステレオタイプの人生観とか、成功するまで寄り道しないで自己責任で頑張るという意識などは似ているのではないでしょうか。そして、それが合わない人はとても生きづらい。日本も一〇代、二〇代、三〇代の死因のトップが自殺です。若者の死因のトップが自殺であることと少子化は、この社会の生きづらさの一つの象徴だと思います。

どこに住んでいて、どんな職業で、どんな学歴であろうが、それなりに暮らし、自分の仕事を大事だと思えたり、やり直すことのできる社会をつくりたいと思っているのですが、日本では子どもが小学生、中学生、高校生と成長するにつれ自己肯定感が低くなっていきます。これはとても残念なことだと思います。この自己肯定感の低さをどうしたらいいのか。

前川　まず、学校の先生の自己肯定感を高めなければいけないと思います。二〇一八年二月、名古屋の中学校に呼ばれて、キャリア教育の授業をやりました。一年生から三年生まで全校生徒に体育館に集まってもらい、地域の人も参加して、校長と私との掛け合いで、私が文科省でどんな仕事をしてきたか、辞めた後どんなことをしているのかをお話ししました。要するに私が一つの生きた教材になったわけです。ですが、この授業が変な問題になってしまいました。

この中学校のある地域を選挙区とする自民党の池田佳隆衆議院議員が、前川が地元を荒らしに来たと思ったようで、この人は自民党の文部科学部会の部会長代理なのですが、その部会長の赤池誠章参議院議員と二人で、文科省に圧力をかけて、何で前川を呼んだんだとか、前川にいくら払ったんだとか、録音データを出せとか、そんなことを言わせたわけです。

そのとき、校長の上井靖さんが非常にいい対応をしました。要請されたことに対して、最小限の対応はしたのですが、録音データを出すことはありませんでした。彼の記者会見を見て、それよりもいいと思ったのは、新聞やテレビでこのことが問題になったときの対応です。真っ先に彼がやったことは、全校集会を開いて、子どもたちに、「今日はきっと、君たちが帰るときにマスコミが押し掛けて、マイクを持った人が校門で君たちに質問をしてくると思うから、そのときには思った通りに答えなさい」と言ったんです。

福島　いいですね。私なら、つい「気をつけなさい」と言いそうです。

前川　「君たちはそれぞれ学んだでしょう。だから、思った通りに答えればいいんだよ」と上井校長は言ったわけです。

記者会見で、彼はさらにこう言いました——主体性のある人間を育てるのが教育の大事な目的なのであり、それは教師自身が主体性を持っていなければできない。これも大事なことです。ですから、私は学校の先生たちに、もっと自分自身であってほしいと思っています。というのは、学校現場にも忖度や同調圧力が蔓延していて、1章で触れたように、「〇〇学校スタンダード」という名の行動規範が流行っていたりするからです。これは生徒に対する校則というだけではなく、教師の行動様式にまでスタンダードを求めるというものです。行動を画一化する動きが非常に強まっていて、それがスタンダードという言葉で表現されています。そのせいか、掃除のときにはおしゃべりせず無言で行うというように、ものすごく細かく校則を定める学校が増えてしまいました。

福島　給食を食べるときも無言でしょうか。まるで少年院か刑務所のようですね。

前川　無言給食の学校も増えていて、ほかにも、授業中の手の挙げ方や反応の仕方を決めたりしています。たとえば、手を挙げるときには必ず腕を耳につけなさいとか、職員室に入るときは、廊下でまず気をつけをして、「何年何組の〇〇です。△△先生いらっしゃいますか」と大きな声で言いなさいとかね。子どもたちの行動様式を型にはめていくのは、二〇〇〇年代以降に強まってきた傾向だと思っています。

三浦　何が原因でそうなったのでしょうか。

前川　やはり全体主義的圧力が強まっていて、教育委員会や管理職がそれに迎合したり忖度したりするという状態が生まれているのだと思います。先生たちがものすごく生きづらくなっています。先生たちがもっとのびのび、いきいきと仕事ができる職場にしなければいけない。

三浦　かつては卒業式に子どもたちが学校のガラスを割るといったこともありましたが、最近はそんな話は聞きません。子どもたちが早くから統制されすぎているのでしょうか。

前川　学校に耐えられない子どもは暴れるのではなく、離れていくんです。だからいま不登校が増えています。不登校はずっと減ってきていたんです。学校をもっと一人ひとりの主体性や個性を大事にする場所にしていこうという改革を、八〇年代、九〇年代は進めていたはずです。ですが、安倍さんのような政治家が力をつけてきて、社会全体を画一化して、全体に従わせようという雰囲気が強まり、これが学校に及んでいると思います。

三浦　抵抗する力さえ奪われ、学校から出て行ってしまっているのですね。

前川　だから年々不登校が絶対数で増えていて、もう一四万人になっています。自殺も増えている。

三浦　これは仲間がいないということでしょうか。

前川　そうですね。一人ひとりがくたびれて学校に行けなくなっている状況です。

福島　先ほども言いましたが、一〇代、二〇代、三〇代の死因のトップは自殺です。もちろん校舎の窓ガラスが割られるのはよくないけれど、スクールカウンセラーやソーシャルワーカーに話を聞くと、たしかに全般的に子どもたちが内向的になっているそうです。窓ガラスは割られないけれど、いじめが陰湿になったりして生きづらい。

前川　私は学校に行かない方が正常だと思い始めているんです。学校によりますが、学校に飼い馴らされている方が危険なのかもしれません。校則を全廃した校長もいるので、校長によってずいぶん違うのですが、全体の雰囲気は、非常に全体主義的になっていて、上から権力で押さえつけようとする風潮が広がっています。

三浦　親も歓迎しているわけですよね。

前川　やはり日本の社会は民主化しきれていないというか、自由の価値が十分に認識されていない。そういう社会のままになっているのではないかと思います。

価値観の転換

三浦　何年か前、学生に、自由、平等、公平、秩序など二〇近い言葉を示して、社会のあり方として一番大切にしている価値観を二つ選んでもらったのですが、一番人気があったのは秩序だったんです。自由が一番かと思っていたのですが、そうではなかった。平等を選んだ学生はほとんどいませんでした。

他には、国民、市民、消費者、労働者、知識人など政治共同体における自分のアイデンティティを表す言葉を二〇ほど示して、これも二つ選んでもらったのですが、一番多かったのが消費者と国民でした。がっかりするので、もうやめてしまいました。

福島　市民ではないんですね。

三浦　入れても選ばれないんです。自分は二三区に住んでいるから市民ではなく区民だ、と言う学生もいました。シチズンという意味が通じませんでした。バイトの経験はあるはずですが、労働者意識はなく、だけど消費者としてのアイデンティティは強いのです。

福島　国民というと、私などはついそこから排除される外国人のことを思ってしまいます。ですから、私なら市民を選ぶと思うのですが。

三浦　憲法の国民主権から来ているのかもしれませんが、排他的な響きへの警戒心は薄いように感じました。

福島　秩序が選ばれるのは意外です。大人から見ると秩序立っている方が好都合かもしれませんが、それで失われるものも大きいはずです。

三浦　法学部だからなのかもしれないのですが、大切にしたい価値観を問われて、秩序が先に来るのはどういうことなのか、やはり考えなくてはいけないと思います。批判的精神というものは大学教育の根幹であるべきことですが、それは共通の前提になっていないわけです。大学に入る前の教育の影響もあるのかもしれません。

前川　それこそ「〇〇学校スタンダード」のような秩序の下で教育を受けてきたのかもしれません。

三浦　秩序がいいことだと思っているわけですよね。

福島　ですが、少年院や刑務所では、秩序を強制するのはやめてピアカウンセリング(14)を導入しているところもあります。再犯率を低くするためには、自分のやってしまうことと向き合う必要がありますから。学校はこれと逆行していますよね。

前川　そうですね。

三浦　私は二〇一八年三月にパリテ・アカデミーという一般社団法人を申琪榮《シンキヨン》さん(お茶の水女子大学准教授)と設立し、若手女性を対象に政治リーダーを養成するトレーニングを実施しているのですが、キーワードの一つは「自信」です。女性は男性と比べると自信がなく、自己肯定感が低いということがアメリカの調査で明らかになっています。自己肯定感が低いと、リスクを取ることもないし、何か失敗をしても、自分が悪かったのだとか、能力が足りないからだとか、自分を責めてしまい、次のチャレンジに進まないと言われています。

なぜ女性は男性よりも自信がないのか。一つの仮説として、女性は一一歳ごろに自信をなくすと言われています。一一歳というのは生理が来る年齢ですよね。そのころから女性であるということを社会的に意識させられて、女性としての評価は、周りからの、とくに男性からの視線で決まっていくことを教え込まれていきます。女性は、将来結婚できるように、男性にとって魅力的な女性でありなさいというメッセージを浴び続けるのです。だから、身なりをきちんとしたり、女性らしくしようと努める。男性は通常そういう育ち方をしないので、自分に向き合って、自分の夢を叶えようとする。男の子は自分の夢を叶えるのがいいことだと奨励されているのに、女の子の方は将来結婚できるように、男性に好かれるような女性にならなければならないという抑圧を強く受け、それが外見のコンプレックスにつながる。自分の外見にコンプレックスがない女性はおそらく誰一人いないはずです。外見にコンプレックスを持ってしまうことも、自信のなさにつながるのだと思います。

ですから、自己肯定感の低さをどう克服するのかが、アメリカの女性リーダー養成セミナーでは大きな課題になっています。そこで、「あなたは十分にキャリアもあるし、準備もできているし、十分資質がある」と参加者がお互いに声を掛けていく。そして、誰かが発表をする際、ネガ

(14) 同じ立場にある仲間同士で行われるカウンセリング。

ティブなことは言わない。「素晴らしかった」「とてもよかった」とポジティブな言い方で褒めて、自信をつけていくことが推奨されています。

アメリカのガールスカウトでは、たとえば三日間のキャンプで小さなことにチャレンジして、キャンプのあいだにそれを克服することによって自信をつけていくということを意識的にやっていると聞きました。たとえば人前で話すこともそうです。人前で話すというのは、慣れない人には本当に大変なことですし、最初からできる人はなかなかいません。何度か練習しているうちに、恥ずかしさを克服して、みんなの前で話せるようになり自信をつけていく。こうした小さな成功体験を意識的に積み重ねていくことが自信へとつながっていくわけです。アメリカのリーダーシップトレーニングでは、こうしたことをどこでもかなり重視しているのですが、私は日本でもこれが必要だと思っています。日本と比べて自己肯定感が高いアメリカでさえこういう訓練が行われている。ですから、日本ではもっと教育の現場で自信をつけるプログラムを開発して、取り組む必要があると思います。

ハラスメントの抑圧移譲社会

三浦　このところ、ハラスメントについては、Twitter などＳＮＳで告発できるようになってきました。ただ、法規制はまだ不十分です。二〇一八年四月に明らかになった福田淳一財務事務次官のセクハラ事件の際、麻生財務大臣は「セクハラ罪という罪はない」と発言しました。それはその通りで、男女雇用機会均等法は雇用主がセクハラを防止することを義務づけますが、セクハラ行為を禁止していません。二〇一九年の通常国会でセクハラ規制が強化され、パワハラ防止規定が設けられましたが、いまだに禁止規定はないままです。仕事の世界におけるハラスメントや暴力を禁止するILO（国際労働機関）の新条約[15]に日本政府代表は賛成しましたが、使用者代表は棄権しました。条約は成立したものの、経団連が反対しているため、日本が批准するのは簡単ではないだろうと言われています。ハラスメントかそうでないかの境界線を引くのがすごく難しいという財界人のコメントが象徴的です。

学校現場でも相当ハラスメントが横行していて、学校の先生はハラスメントの被害者になったり、加害者になったりしています。ILO条約をきっかけに、これまで隠されたり、意識されてこなかったハラスメントが問題化し、パンドラの箱が開いたような状態になるかもしれませんが、日本社会に横行するハラスメントをあぶりだし、禁止し、罰していかなくてはいけない。そういう方向に変われば、相当生きやすい社会になっていくのではないでしょうか。いまの生きづらさ

（15）二〇一九年六月、ILOで採択された「二〇一九年の暴力・ハラスメント条約（第一九〇号）」。

の大きな原因の一つに、ハラスメントが許容され、みんなが我慢しすぎているということがあると思います。せっかくハラスメントを根絶していく国際的な規範がつくられたのですから、いま、それに取り組む大きなチャンスが来ていると思うんです。

前川 私も学校の文化を変えたいとずっと思ってきました。学校には、教師と生徒のあいだに明らかに権力関係が構築されています。生徒のあいだにもカーストのようなものができて、権力に近い人から権力から排除されている人までいるような、非常に生きづらい学校になってしまう。これに耐えられない子はそこから出て行くわけです。ただ、先ほども言いましたように、出て行く子の方がまだよくて、そこで我慢してあえいでいる子の方が危険だと思います。

端的に言えば、みんなもっと人権意識を持つべきだと思います。国際人権法と言われるさまざまな多国間条約に日本は加盟しています。国際人権規約、障害者権利条約、人種差別撤廃条約、あるいは子どもの権利条約などがそうです。加入していると、条約の委員会が実施状況をチェックして、問題があれば注意を受けるのですが、日本政府は全く聞く耳を持たないんです。よく自由、人権、法の支配という理念を国際社会と共有するといったことをいまの政府高官は言いますが、全然共有していないじゃないかと言いたくなります。

三浦 それに、いじめがこれだけ社会問題になってから、少なくとも二〇年、あるいは三〇年近いと思うのですが、何ら有効な対策が取られているように見えません。

前川　いじめが起きた後の対策ばかりやっているんです。いじめが起きないようにする対策が十分にできていないと思います。それはやはり人権意識の希薄さが原因ではないかと思います。嫌なものは嫌だと子どもたちが言えるようにすることが大事です。これは自己決定権や自由の問題で、その根っこには自己肯定感がなければいけないのですが、この自己肯定感を育てることが一番大事だと思います。これをおろそかにしておいて、いじめが起きた後のことばかり考えている。いじめの萌芽を早く見つけて早く対処しようとしている学校もありますが、いじめが起こる構造そのものを変えようとしている学校はまだまだ少ない。結局、いまのこの権力のあり方そのものがいじめ構造なんですよ。

福島　パワハラ的ですよね。政府が沖縄に対して行っていることはいじめです。沖縄の辺野古に土砂が投入されていますが、これは民主主義を踏みにじる暴挙であって、私たちの未来に対して土砂投入がされているようなものです。

前川　いまの政権そのものがパワハラをやっている。沖縄に対するいじめ、朝鮮学校に対するいじめ、あちこちにいじめの構造があります。こうした大きな政治構造に学校も呑み込まれ、教育委員会や管理職が権力に迎合している。

三浦　その一方で、いじめを根絶した教育現場もあるのですね？

前川　ところどころでそういう実践はありますが、自らいじめをするような管理職もいると思うんです。ブラック校則、スクールカーストへの批判は、一般市民のなかから生まれていますよね。「そういう学校はおかしいんじゃないの？」という声をもっとぶつけていくことが大事だと思います。学校は放っておくと閉じた世界になってしまいますから、そこに市民の声をぶつけていく。学校から見ると、それはクレーマーやモンスターペアレントなどになってしまうのかもしれませんが、それでもやはり学校の方がおかしい場合が多いと思います。

時代遅れの要請

三浦　社会のなかの学校への期待は、いい学校にどれだけ進学できるかという点に集まっているのではないでしょうか。だからこそ統制された秩序ある学校の方が、親からすると成績のいい子どもたちを育ててくれるように思える。かつては全人格的な教育のことがもっと言われていたように思うのですが、学校の新自由主義化が進んで、画一的な競争が激しくなっているのかもしれません。

福島　ですが、学校のなかでも、とても自由な教育をしているところもありますよね。

前川　学校によります。私が若い頃、文部大臣の所信表明には、必ず「過度な受験競争の緩和」が出てきました。文部省、文科省は、いい大学へ、いい高校へという受験競争が弊害を生んでいるという認識を持っていました。でも、八〇年代、九〇年代にそれがだんだん緩和されて、少子化の影響もあると思いますけど、あまり競争的でなくなり、いい方向に向かっていると思った時期がありました。

それで、大臣の所信表明演説からも、「過度な受験競争の弊害を是正する」という言葉がだんだん消えていきました。過度な競争が社会問題だと意識されなくなっていったんです。

しかし、どうもこのところ違ってきています。公立高校でも、有名大学への入学者数を競うようになり、それで学校が評価される。学校ごとに、あるいは教員ごとに成果主義的に評価していくという考え方が非常に強まってきたために、その評価の指標として、進学者数がまたクローズアップされています。文科省がやっている全国学力テストも評価の一つの重要なツールになっています。小泉内閣あたりから、こうした目に見える数字で学校のパフォーマンスを評価するという考え方が強まった。いまの安倍内閣も継承していると思いますが、ひどいのは維新の会です。学力テストの成績が上がったら校長のボーナスを上げるなどというのは問題です。

福島　製品の品質が良くなったら、工場長の給料を上げるのと同列に考えていますよね。子どもはまるで工業製品のように扱われています。

前川　そうです。しかもそれを評価する尺度が問題です。子どもを本当の意味でトータルに評価する尺度なんてないんです。それなのに、国語と算数のテストの結果や、東京大学や京都大学に何人入ったかで見てしまう。

三浦　規格的な工業製品を作っていた時代ならば、そういった能力が必要だったと思います。日本はその面では秀でていたと思うのですが、型破りな人間がイノベーションを起こさないと、新しい経済発展ができない時代に、なぜそこまで時代遅れのことをするのでしょうか。だから経済も成長しないのではないでしょうか。

前川　私も時代遅れだと思います。結果的に社会のためになっていない。

三浦　にもかかわらず、経済界はなぜいまそれを求めているのか。皮肉な感じがします。

前川　日本の経済学者の問題ではないでしょうか。ミルトン・フリードマン(16)の亜流のようなことを言っていれば通用してしまう。このままだと日本からはノーベル経済学賞は一〇〇年経っても出ないと思います。独創的に自分の頭で考える経済学者が少なくて、それこそフリードマンの在籍したシカゴ大学かどこかで勉強した人がそれを請け売りしているだけです。竹中平蔵さん(17)がその最たるものでしょうか。経済学以外の分野では日本人ノーベル賞受賞者が出ています。ただし、平和賞はインチキ(18)だと思います。独創的で、世界の経済学の発展に寄与するような経済学を日本から発信する人は、いまのところ考えられない。宇沢弘文さん(19)が一番近いところにいたと言われていますが。

三浦　ノーベル経済学賞はスウェーデン中央銀行が設立したもので、それ自体に政治的な背景があり、受賞と学問的評価が必ずしも一致するものではないと思っています。ただ、日本の経営者が学問を評価していないことはやはり感じます。いまの経済界では、大学生のころにあまり勉強していなかった世代の人たちが経営のトップにいて、大学で勉強することに価値を見出していないのではないでしょうか。だからこそ、大学に対して短期的で近視眼的な生産性を重視したり、実務家教員の配置を主張したりする発想になるのではないかと思います。他の国では経営者にもっと深い教養が求められますし、Ph.D.を持っていたり、教育レベルの高い人が経営の意思決定を行っていて、日本とかなり違います。

---

(16)　一九一二―二〇〇六。新自由主義を代表するアメリカの経済学者。シカゴ学派。
(17)　一九五一―。経済学者。小泉内閣で経済財政政策担当大臣を務めた。
(18)　一九七四年、非核三原則提唱などの理由で佐藤栄作が受賞したが、後に民主党政権下で、沖縄返還時に日米間で成立した、沖縄への核持ち込みに関する密約の存在が明らかになった。
(19)　一九二八―二〇一四。経済学者。シカゴ大学教授、東京大学教授などを歴任。理論経済学、環境経済学の分野で大きな業績を残した。

小さな成功体験の積み重ね

福島　経営者たちの大学時代の経験の影響もあるのかもしれませんが、さきほど前川さんがおっしゃったように、新自由主義の影響が大きいのではないでしょうか。これを克服しないと、何でも自己責任になってしまう。ですから、3章で三浦さんが紹介された、マイノリティとマジョリティを分けてしまうような学生のとらえ方をどうやって変えたらいいのかを考えたい。私は女性という面ではマイノリティですが、別の面ではマジョリティかもしれません。人は誰でも、自分は安泰だと思っていても差別を受ける側に回ることはあります。また、女性のなかでは恵まれていたとしても、女性が共通に受ける差別は理解してほしい。

私が元気にやっていけるのは、支えてくれる人たちのおかげです。また、愛情を注いでくれた親の存在も大きいです。ですから、支え合う関係をどうつくっていけるかが課題なのだと思います。そういう関係のなかでは、何でも自己責任で片づけるのではないし、ここでは何を言っても大丈夫と思える。たとえば、性暴力の被害を受けたとか、経済的に苦しくて大学に行きたくても行けなかったとか。

バッファのある社会がいい。寄り道してもいい、失敗してもいい、やり直せる社会。それから、小さな成功体験で人生が変わることはあると思います。たとえば、「保育園落ちた日本死ね」とインターネットで書いたことで、保育園の問題が政治的イシューの上位にいきなり浮上しました。これは小さいどころか大きな成功だったと思います。つまり、実は誰もが力を発揮しているけれど、それが分かってもらえていないのではないか。何をしても変わらないと思わされているけれど、実際は違う。一人ひとりが小さくてもそういう成功体験を持つことができれば、ずいぶん変わると思うんですけどね。

三浦　自分の力で政治が変わると思える政治的有効性感覚が低いから、投票に行かない人が多いと言われています。

福島　ですが、候補者が競っていて、一票で選挙結果が変わることもあります。

三浦　やはり小さな成功体験の共有が重要だと思います。3章の参院選の総括の仕方も、自民党に負けてしまったと考えるとリベラル派の元気がなくなるところですが、自民党が単独過半数割れしたことに着目すると、評価も違ってきます。もっとポジティブに、自分たちの力でこれだけできたということを語り合い、お互いに頑張ったねと励まし合い、次に進む。そうした流れをもっと大切にしたほうがいいのではないかと思います。

福島　私もそう思います。クールでニヒルに、というのは苦手です。絶望するには早すぎます。

三浦　かつてはそういう「敗北主義」はよくないと言われていました。

前川　敗北主義という言葉を最近あまり聞かなくなりましたね。

三浦　ニヒルになることが当たり前でかっこいいという風潮があるかもしれませんが、もう一度、それを敗北主義だと呼び直すといいのかもしれません。そして、小さな成功体験をうんと大切にして継承していけたら、社会全体の空気も変わっていくのではないでしょうか。

福島　たとえば、学校の校則について意見を言い、それで校則が変わったりすれば、もう少し変わっていくと思うのですが。

三浦　その意味で、#KuToo は目に見える変化をもたらしました。実際、航空会社が女性の制服をパンツスタイルにしたり、ヒールを履かなくてもいいようにしたりしています。最初は小さなつぶやきだった Twitter の発言から、これだけ大きな運動になる。その過程で、たとえば衆議院議員の尾辻かな子さんが、女性へのハイヒール、パンプス着用の義務づけについて質問をしたことによって、根本匠厚生労働大臣が、パンプス強制はパワハラに当たる場合もあるとの見解を明らかにしました。そして、それが報道されることで問題がさらに広く知られるようになりました。ちゃんと社会の変化をキャッチして、質問できる国会議員が一人いるだけで、こんなに変わるわけです。こういうストーリーの継承が必要だと思います。いま起きている事実をどう解釈して、どう伝えていくか。それを一人ひとり工夫することが大切なのではないかと思います。いまはＳＮＳがあるので、ジャーナリストや研究者でなくても、個人で発信することができます。一人ひとりがポジティブなメッセンジャーになれたらいいと思います。

福島　セクハラへの対応もそうだったと思います。いまは飛行機に乗ると、これこれのことは迷惑行為だからやめましょうという説明があります。かつては、客室乗務員はそうしたハラスメントを我慢していたのが、セクハラという概念が誕生したことで、会社の対応も、社会の対応も変わる。不十分ですが、セクハラを規制する法律もつくられました。

三浦　もちろん世界と比べるとまだ差がありますが、日本国内でセクハラの規制に前進があったことも事実だと思います。

他者への想像力を養う

前川　私は学校の部活動には非常に危ない側面があると考えてきました。危ない全体主義が潜んでいて、自分で考えない人間をつくってしまいます。部活動は、それなりの成功体験を与えるけれど、生徒たちが自分でものを考えずに、監督の言うことを聞いていると成功するという部分もあります。これでは監督のためにプレーしているようなもので、その監督の言うことは絶対になってしまう。日大アメフト部の事件(20)はその最たる例です。勝利至上主義は危険です。勝利インタビューで、「子どもたちが頑張ってくれました」と言う監督が多いのですが、自分のために頑張ってくれたという意識なのでしょう。これはおかしいのではないでしょうか。

福島　部活にはいい面もあるけれど、そういう面もあるということですね。

前川　部活のスポーツの指導においても、強制力や場合によっては暴力を用いて指導するのではなく、コーチング[21]をもっと取り入れていこうという動きがあります。スポーツの世界も人権感覚を高める方向に進みつつはあるのですが、旧態依然のところもあります。また、学校の教科のなかでは体育が注意を要します。もともと軍隊式の兵式体操から始まっていますからね。体育の教師は管理職や校長になりたい人が多いようです。

子どもたちが自分自身で自分たちの学校のあり方を変えていけるような学校づくりができればいいのだけれど、いまの学校では初めから秩序が求められる。先ほども触れましたが、「〇〇学校スタンダード」などをつくって子どもたちを統制しようとする管理職も増えています。

三浦　文科省が提唱する「生きる力[22]」も、分かるようで分かりません。

前川　これはものすごく抽象的な言葉です。ですが、ポジティブに解釈するならば、自分で考えて行動することができる力という意味になると思います。

三浦　自己決定するという意味ではポジティブな言葉だと思うのですが、抽象的なために、現場で本当に子どもたちの生きる力が育まれているのか不安に感じます。

前川　「自ら学び自ら考える力」という言い方もあります。

福島　自分の生きる力もさることながら、他者への思いも重要だと思うのですが、それが削がれていっているのではないでしょうか。新自由主義や自己責任の強制で、みんな自分が生きるのに精一杯です。誰でもいつの時代でも生きるのに精一杯かもしれませんが、いま、それがより強くなって、他者や社会に対する思いが削り取られている。それを取り戻すうえで、映画やドキュメンタリーを見ることは有効だと思うのですが、どうでしょう。違う体験をするということです。

前川　そう思います。いま八〇代以上の人たちは戦争体験があります。沖縄であれば、集団自決、集団強制死を実際に経験した人たちもいます。もちろん平和な時代になれば、そういう経験をした人はどんどん減っていくわけですが、それを語り伝えたり、文献や映像といったもので学ぶことはできます。そういう学ぶ機会をつくることが大事だと思います。

私は時々日本の民主主義に悲観的になることがあります。日本という国は、第一次世界大戦では戦勝国でした。第二次世界大戦で負けているけれども、一回しか負けておらず、そこで与えられた民主主義を受け取った形になっています。その点は第一次世界大戦の後のドイツと同じです。

(20)　二〇一八年五月六日、日本大学アメフト部の選手が関西学院大学アメフト部の選手に危険なタックルを行い、ケガをさせた事件。日大の選手は、監督とコーチの指示でタックルをしたと証言した。

(21)　個人や組織の目的・目標を達成するために理想の状態を引き出すこと。

(22)　二〇〇八年に改訂された小・中学校の学習指導要領で文科省が掲げた言葉。知識や技能の習得とともに思考力・判断力・表現力などの育成を重視する、とする。

第一次世界大戦の敗戦国ドイツは、ワイマール憲法があったにもかかわらず、そのなかからヒトラーを生んでしまいました。民主主義が独裁を生むということはあり得ますが、いまの日本も、民主主義が独裁を生む入り口に入っていると思います。これを放っておくと本当に独裁政治になりかねない。それに嬉々として付いていく人たちがたくさんいて、付いていかない人間の方が異常で異端だと見られてしまう。私たち三人は異端だと思いますが(笑)。

このように、ものすごく悲観的になってしまうのですが、どうしてかを考えると、やはり日本は一回しか負けていないからではないかと思うところもあります。二回負けないと、いまのドイツのようになれないのかもしれません。だからといって、もういっぺん戦争をして、もっと悲惨な目に遭った方がいいかというとそんなことはない。いまのドイツの若者たちも、戦争の悲惨さを経験したわけではないけれど、メルケル首相のような政治家を支えています。それはやはり学んでいるからではないでしょうか。ドイツはホロコーストを学んでいると思います。日本は南京大虐殺を学んでいるでしょうか。学ぶことの重要性、逆に言うと、学んでいないことの危うさがあると思います。

ですから、過去を学ぶ機会をもっとつくらなくてはいけないと思います。学ぶための教材はいくらでもあります。にもかかわらず、それを学ばないように学ばないようにしていて、人権教育・平和教育は左翼がやっているものだとレッテルを貼る。

人権教育・平和教育という言葉に対して、文科省のなかにはアレルギーがあって、政治的に偏向した教育なのだと色づけされています。ですが、憲法は人権も平和も大事にしています。そして、憲法と教育基本法の関係からすると、憲法の理念を教育を通じて実現するという考え方になるはずです。であるならば、人権教育・平和教育は、教育の一番大事な柱でなければいけないのに、それが阻害されてきました。そういう教育行政というか、教育政治がずっと続いてきていると思います。

その一方で、現場では、教師たちの組合がそれを何とかはねのけようとしていましたが、その組合の力がものすごく弱くなっています。これは村山富市内閣のときに、文科省と日教組が和解したことが裏目に出ている気がするんです。日教組が、政権に対してものすごく物わかりがよくなってしまった。いまの政権に対しては、日教組はもっとはっきりノーと言った方がいいのではないでしょうか。組合の力が弱くなっていることも危ないと思います。

福島　公務員バッシングと組合バッシングがあって、孤立させられているということも聞きます。政治的にたたかうとき、一人でたたかうのはしんどいので、支える基盤があるかどうかが大きい。ですが、組合の組織率は下がっていますよね。

地方から政治を変える

三浦　これまで話してきたことを実現するために、いまこそ新たな革新自治体が必要だと思います。政権交代は国政レベルではまだなかなか望めないかもしれないけれど、中核都市に革新自治体が出てくるとかなり変わるのではないでしょうか。日本の場合、首長の権限は大きいですから、そこで政治のモデル転換をしてほしい。

福島　地方からの反乱は、実はすでに起きているのではないかと思っています。たとえば、今回の参院選でも、岩手や新潟など一人区で一〇人の野党統一候補が当選しました。歴史をさかのぼって、百姓一揆や農民運動が活発だった地域では、その思いや運動が現在まで脈々とつながっているのではないでしょうか。

ここ数年、ＴＰＰ、ＴＰＰ11、ＥＰＡ、水道の民営化法、種子法の廃止、漁業法の改悪に国有林売却法、バクチ解禁法のように、日本の農業やインフラを売り飛ばす法律が成立しています。水道の民営化は自治体が決めるのですが、新潟県議会では、水道民営化法案反対意見書が出され、福井県議会では慎重審議を求める意見書が出されました。また、種子法の廃止は、それこそ農水省の経産省化のなせるわざだと思います。これに対しても、新潟などで種子条例ができて、防衛しようとしています。

ですから、政府の言うことを聞いていたら、とんでもないことになるという意識は、地方にはあると思います。

世田谷区や明石市なども意欲的な制度をつくっています。世田谷では、「せたホッと」をつくりました。これは、子どもの人権を擁護し、救済を図ることを目的に設置された、公正・中立で独立性と専門性のある第三者機関です。それから、世田谷には「ほっとスクール」という、不登校の子どもたちを支援する組織もあります。城山、尾山台、希望丘の三つがあります。

前川　希望丘のほっとスクールは二〇一九年から公設民営フリースクールになりましたね。東京シューレが受託しています。教育委員会は、依然として教育支援センターだと言っていますが。

福島　各地でいろいろな取り組みがありますよね。世田谷区をはじめとした東京の特別区で、新しく児童相談所がつくられます。子どもに対するすべての暴力をなくすことができたら、生きづらいと感じている人を減らすことができるのではないか。すべての子どもが幸せだと思える子ども時代を過ごすことができたら、きっとこの社会は変わっていきます。

あとがき

元文部科学事務次官で、加計学園が今治市に新たに獣医学部をつくることの不当性を公にした前川喜平。

「ジェンダーと政治」研究の第一人者で、全会一致で成立した「政治分野における男女共同参画の推進に関する法律（日本版パリテ法）」に貢献した三浦まり。

参議院議員で弁護士の福島みずほ。

この三人で、教育、男女平等、政治、官僚制度、安倍政治をどう見るか、道徳の教科書、主権者教育、メディア、社会について語り合った。政治の可能性については、ジェンダー、男女平等の視点から三浦と福島が、また、いまの教育については、大学の教員である三浦と文部科学省で役人を務めてきた前川が存分に語った。前川は、なかなか分からない役所の考え方についてもつっこんで解説した。

そうしたなかで浮かび上がってきたのは、この社会のなかでの生きづらさと、それをどうしたらいいか、どこに希望を見出していくかということだった。

「智に働けば角が立つ。情に棹させば流される。意地を通せば窮屈だ。兎角に人の世は住みにくい」は夏目漱石の「草枕」の出だしである。「自分の感受性くらい、自分で守れ、ばかものよ」と茨木のり子さんは詩を書いた。

生きづらくない人などいない。

しかし、貧困や格差が拡大し、非正規雇用が四割になるなか、長時間労働が普通のことになり、職場の人間関係に悩む人が増えている。また、学校や職場のパワーハラスメント、セクシュアルハラスメント、マタニティハラスメント、ＳＯＧＩ（セクシュアル・オリエンテーション＆ジェンダー・アイデンティティ）ハラスメント、性暴力をはじめとした暴力、いじめ、排除も広がっている。競争社会のなかでの不信や恨み、評価されないことの寂しさや孤独、家事や育児や介護は感謝されずに精神的・肉体的・時間的な負担が大きいこと、子どもにのしかかる親や周りの期待の重さなどの問題もある。

働いている人たちの実質賃金は下がっているので、生活は苦しくなり、貯蓄もままならない。そして、高齢者もまた生きづらい。生活保護を受けている被保護世帯の半分が高齢者である。非正規雇用の拡大などで、無年金、低年金の人が増えている。定年延長で働くと、仕事はほとんど変わらないのに収入が半分近くになったりする。

高齢になればなるほど格差や貧困は拡大していく。とりわけ女性の高齢者の貧困は深刻で、単身世帯の場合はなおさらである。女性は賃金が低く、非正規雇用が女性では五四パーセントを占めることもあり、高齢の女性は無年金、低年金のケースが多い。国民年金で暮らしているけれど借家住まいなので大変だという声をよく聞く。介護保険利用料の負担が収入によっては二割、三割の人もいて、負担が大きくなっている――。

また、日本では物が言いにくく、報道への圧力も強まっており、二〇一九年の世界報道自由度ランキングが六七位で、しかも毎年どんどんランキングが下がっている。個人がインターネットなどで発信すると、絡まれたり、バッシングを受けて心身ともに疲れたり、傷ついたりする。

私たちの社会では、いまこのように生きづらさが広がっている。


どう考えたらいいのだろうか。

生きづらさは大変だし、面倒である。すぐに解決はしない。

しかし、まん丸い完璧な幸せなど存在しない。人は、失敗したり、反省したり、謝罪をしたり、何かに気づきながら生きていく。

自分の心の奥底の声に耳を傾け、誠実により良い人生を生きるしかない。

極端なことを言うようだが、あなたが生きづらさを感じることはあなたの才能と言えないだろうか。あなたがこの社会で生きにくいと感じたり、思ったりできることは、あなたの能力であり、あなたの感受性であり、あなたの可能性と考えることはできないだろうか。

福島は、子どもの頃、女性差別や「女の子なんだから」という強制を漠然と変だと感じていた。本を読み、人と出会い、だんだんフェミニストになっていった。大学生のとき、一瞬こう思ったことがある——「しんどいな。何も考えずに幸せに生きていく方がよかったかも」。しかし、目から落ちたウロコをもう一度拾って目につけることはできない。「おかしい」とか「私はこうしたい」ということに向き合わざるを得ないのである。女性であることはこの社会に欠けている視点を提起することであり、こうした〝バイリンガル〟として生きることの大切さに、福島は気づいた。

三浦もまた、女性はこうあるべき、という規範を抑圧的に感じ、それが強固に残る日本の企業には就職できない、したくないと感じていた。大学時代にフランス、大学院でアメリカに留学し、海外で外国人として生活する方が、ある意味解放感を味わえることを知った。それくらい、日本における「世間の目」が自分を縛っていた。他方で、海外でのステレオタイプな日本人女性像もまた抑圧的だった。結局のところ、一人の個人として自由に生きたいと思っていた。だから、個人の自由を奪う社会や国家の圧力というものに強い拒否感を覚え、そうした社会制度を変革できる政治のあり方を模索したいと思った。

前川は、小学生時代の一時期、不登校になった経験がある。中高生時代は学園紛争の最中だった。大学時代は仏教青年会で原始仏典を読んだり、座禅修行をしたりした。法学部の学生なのに法律学への学習意欲が湧かなかったが、憲法だけは別だった。振り返れば、少年時代・青年時代を通じて、自分の生き方や社会のあり方を模索し続けていた。「正解」を与えてくれる人はいなかった。だが、仏教も憲法も、その模索のための大事な学びの機会を与えてくれた。就職先に文部省を選んだのは、「これからの時代は、物の豊かさより心の豊かさが大事になるだろう」という程度の漠然とした動機からだった。教育行政に対する使命感は、仕事をしながら次第に強められていった。しかし、自分がやりたいと思う仕事と実際にやらされる仕事との間には大きなギャップがあった。内心の思想・良心とは正反対のことをせざるを得ないことも多かった。思えば三八年間もよく「面従腹背」を続けたものだ。

いま、社会は変わらなければならないのだ。生きづらさは、この社会を変えていく大きなヒントでもある。生きづらさを問題化し、生きづらさのタネをひっくり返してネタとしてこの社会を変えていく。生きづらさを神様からのギフトのように考えることはできないだろうか。

もちろんそれどころではないこともたくさんある。

韓国のテレビドラマ『マイ・ディア・ミスター　私のおじさん』のヒロインは、母親が借金まみれになり、その借金取りが祖母などに暴力を振るったために、正当防衛とも言えるのだが、借金取りを殺してしまう。彼女はまだとても若いのに、殺人を犯した人として生きていかざるを得ない。しかし、いろいろなことに苦しみながらも誠実に生きている朴さんに会い、徐々に感化され、変わっていく。朴さんは彼女に言う――「過去のことは忘れろ。気にしないで生きていくのだ」。こんな人がいてくれたら元気で生きていける。信頼関係を築くことができる人がいれば変わっていく。

社会の物差しからなかなか自由になれない。自分の心の中に監視カメラがあって「そんなのではダメだ」と自分にダメ出しをして、自分で自分をいじめ、また、つねに緊張している。何かを失うのではないかとつねに不安である。だが、これではもったいない。誰もあなたの人生を代わって生きてくれる人などいない。

また、誰かがあなたに「これがあなたの幸せだ」と無理矢理既成の服を着せようとしても、それが合わなかったり、窮屈だったり、望まないのであれば着る必要はないのである。自分らしい幸せなどすぐには見つからないかもしれないが、自分を裏切って、不本意な人生を送っても幸せにはならないのではないか。

そして、「助けて」と言うことも必要である。困っているということは決して恥ではない。

ある子どもシェルターに、高校生の男の子が、親には修学旅行に行くと言ってボストンバッグを持ってやって来たという。どういう事情があるのかは分からない。家庭では暴力が振るわれ、虐待が行われているかもしれない。「逃げろや逃げろ」――。逃げることで助かることもあるのである。

この一〇年くらいの間に、日本の学校は子どもたちにとって居心地の悪い場所になってきたのではないか。「ブラック校則」や「学校スタンダード」が子どもたちを理不尽に縛っている。強まる同調圧力の中で、生徒間のいじめや「スクールカースト」、教師からのパワハラやセクハラに苦しむ子どもも多い。減ってきていたはずの不登校がこの数年増えている。不登校は問題行動ではない。不登校は子どもの学校への不適応ととらえるべきではなく、むしろ学校の子どもへの不適応ととらえるべきだ。

さまざまな障害のある子どもは一割近くいる。性的マイノリティの子どもも一割近くいる。外国につながる子どもや日本語が流暢ではない子どもも年々増えている。広がり続ける子どもたちの多様性に、学校が対応できていない。それどころか、「父母・祖父母を敬え」とか「全体のために自己を犠牲にせよ」とか「日本人としての自覚を持て」といった画一的な道徳を子どもたちに押しつける「道徳の教科化」が始まった。学校はますます居心地の悪い場所になりつつある。学校へ行くことが死ぬほどつらいと思う子どもは、学校へ行ってはいけない。学校はそんな思いをしてまで行くべき所ではない。学校の外にも学ぶ場はいくらでもある。学校へ行かなくても立派な大人になることはできる。むしろ唯々諾々と学校に飼い馴らされる子どもたちの将来の方が心配だ。そして管理強化や不寛容は児童・生徒だけでなく教職員のあり方・働き方にも及んでいる。

あなたの生きづらさはあなただけの問題ではないかもしれない。社会的に変えていくことで同じ思いをしている多くの人たちが助かることがある。石を投げれば、問題提起をすれば、それが波紋を呼び、大きく変わっていくことがある。

日本は声を上げる個人に冷たい。冷たいどころか、酷い仕打ちをする。特に女性は目立ったことをするとバッシングに遭いやすい。なぜなら、女性は自分の意見など持たず、おとなしく周りに従っていればよく、家族や子どものために自分を犠牲にするのが当たり前と考える人が少なからずいるからだ。勇気を持って差別や暴力を告発した女性たちは、さまざまな嫌がらせに直面する。匿名のネット社会がこの傾向をさらに悪化させた。

だが、卑劣な行為に怯むことなく、声を上げ続ける女性たちがいる。ご自身の性被害を明らかにし、世界の性暴力を防ぐ仕組みを紹介するジャーナリストの伊藤詩織さん、#KuTooキャンペーンを立ち上げた石川優実さん、週刊誌『SPA!』の「ヤレる女子大学生ランキング」に抗議し、Voice Up Japanを立ち上げた山本和奈さんなど、若い女性たちが果敢にたたかっている。性暴力に無罪の司法判決が下される現状はおかしいと、二〇一九年四月一一日に始まった「フラワーデモ」は、毎月開催地域を全国に広げている。日本にはないと言われた#MeTooは、すでに静かに始まっている。一人の苦しみは、決して一人だけのものではなかったと、多くの仲間たちが集まっているのだ。

個人の問題と社会の問題は地続きである。

社会や多くの人に対する「物思い」を持ちながら、身近なところで何でも話し、弱みを見せ、愚痴も言える関係をつくっていくことが大切だ。自分には力があると信じ、まず自分を信頼することなど、やれることからやっていこう。

不完全な自分もダメな自分も自分の一部。自分を大事にすることからスタートしよう。そして、社会の構造や仕組みや税金の使い道などを変えていこう。

岩波書店の藤田紀子さんには大変お世話になりました。

本書を手に取ってくださったみなさん、読んでくださったみなさん、本当にありがとうございます。一緒に希望をつくっていけたらと思います。

二〇一九年八月

前川喜平
三浦まり
福島みずほ

＊1・2章初出：『世界』二〇一九年七月号・八月号
（大幅に加筆・訂正を行った）
＊3・4章：二〇一九年七月二九日鼎談実施

前川喜平　現代教育行政研究会代表．1955年奈良県生まれ．東京大学法学部卒業後，1979年文部省入省．2016年文部科学事務次官．2017年1月に退官後，加計学園問題で岡山理科大学獣医学部新設の不当性を公にする．著書に『面従腹背』(毎日新聞出版，2018年)，『同調圧力』(共著，角川新書，2019年)など．

三浦まり　政治学者．上智大学法学部教授．1967年東京都生まれ．カリフォルニア大学バークレー校政治学博士課程修了．Ph.D.(政治学)．東京大学社会科学研究所研究員などを経て現職．著書に『私たちの声を議会へ――代表制民主主義の再生』(岩波書店，2015年)，『しゃべり尽くそう！ 私たちの新フェミニズム』(共著，梨の木舎，2018年)など．

福島みずほ　参議院議員．社民党副党首．1955年宮崎県生まれ．東京大学法学部卒業後，弁護士登録．1998年社民党から立候補し，参議院議員に初当選．社民党党首，内閣府特命担当大臣(男女共同参画等)を歴任．著書に『「意地悪」化する日本』(共著，岩波書店，2015年)，『嘘に支配される日本』(共著，同，2018年)など．

生きづらさに立ち向かう

2019年10月29日　第1刷発行

著　者　前川喜平《まえかわきへい》　三浦《みうら》まり　福島《ふくしま》みずほ

発行者　岡本　厚

発行所　株式会社 岩波書店
〒101-8002 東京都千代田区一ツ橋2-5-5
電話案内 03-5210-4000
https://www.iwanami.co.jp/

印刷・三秀舎　カバー・半七印刷　製本・松岳社

ISBN 978-4-00-061371-2　　Printed in Japan

社会への投資
―〈個人〉を支える〈つながり〉を築く―
三浦まり編
四六判三二〇頁
本体二〇〇〇円

闘わなければ社会は壊れる
―〈対決と創造〉の労働・福祉運動論―
今野晴貴
藤田孝典編
四六判二五四頁
本体二四〇〇円

30代の働く地図
玄田有史編
四六判三六八頁
本体二〇〇〇円

「分かち合い」社会の構想
―連帯と共助のために―
神野直彦
井手英策
連合総合生活開発研究所編
四六判二五六頁
本体一九〇〇円

2050年 超高齢社会のコミュニティ構想
若林靖永
樋口恵子編
四六判二〇八頁
本体一七〇〇円